Paul Ackermann, Gotthard Breit,
Will Cremer, Peter Massing,
Peter Weinbrenner

# Politikdidaktik kurzgefasst

## 13 Planungsfragen
## für den Politikunterricht

Paul Ackermann, Gotthard Breit,
Will Cremer, Peter Massing,
Peter Weinbrenner

# Politikdidaktik kurzgefasst

## 13 Planungsfragen für den Politikunterricht

**WOCHEN
SCHAU
VERLAG**

**Bibliografische Information der Deutschen Nationalbibliothek**

Die Deutsche Nationalbibliothek verzeichnet diese Publikation in der Deutschen Nationalbibliografie; detaillierte bibliografische Daten sind im Internet über http://dnb.d-nb.de abrufbar.

© WOCHENSCHAU Verlag
   Dr. Kurt Debus GmbH
   Frankfurt/M., 5. Aufl. 2018

**www.wochenschau-verlag.de**

Umschlag: Ohl Design
Gesamtherstellung: Wochenschau Verlag
Titelbild: darknightsky - Fotolia.com

Gedruckt auf chlorfreiem Papier
ISBN 978-3-89974580-1

# Inhalt

## Organisation des Lernprozesses

# Vorwort zur Neuauflage 2010

*Politikdidaktik kurzgefasst* erschien 1994 bei der Bundeszentrale für politische Bildung und beim Wochenschau Verlag. Die Publikation erfuhr mehrere Nachdrucke. Mit dem Buch sollte den Politiklehrerinnen und -lehrern in den neuen Bundesländern der Unterricht in dem neuen Unterrichtsfach „Politik" erleichtert werden. Die Nachfrage war groß. Auch viele Lehrerinnen und Lehrer aus den alten Bundesländern zogen *Politikdidaktik kurzgefasst* zu Rate. Im Studium und in der zweiten Ausbildungsphase nahm es bald einen wichtigen Platz ein.

In der fachdidaktischen Diskussion fand *Politikdidaktik kurzgefasst* zunächst nur geringe Beachtung. Das änderte sich aber im Lauf der Jahre. Heute zählt das Buch zum festen Bestand der fachdidaktischen Literatur, wie viele Fußnoten und Literaturhinweise zeigen.

Seit Jahren ist das Buch sowohl beim Wochenschau Verlag als auch bei der Bundeszentrale vergriffen. Immer wieder wurde ein Neudruck angemahnt.

Wer 16 Jahre nach Erscheinen eines Standardwerkes eine Neuauflage in Angriff nimmt, sieht sich mit einer großen, im Grunde unüberwindbaren Schwierigkeit konfrontiert. Die Forschung ist weitergegangen. Die Einarbeitung der Neuerungen erweist sich als schwierig. Es gibt zwei Möglichkeiten. Entweder schreibt man ein neues Buch oder man nimmt bewusst Lücken in Kauf. Wir sind den zweiten Weg gegangen. Wohl wurden an einigen Stellen Berichtigungen und Ergänzungen vorgenommen und die Literaturhinweise durch Hinweise auf neuere Literatur ergänzt. Aufbau und Text sind aber im Wesentlichen gleichgeblieben. Wer gewohnt ist, mit *Politikdidaktik kurzgefasst* an der Hochschule und im Referendariat zusammen mit Studierenden und Lehramtsanwärterinnen und -anwärtern zu arbeiten, wird sich nicht umstellen müssen.

Bewusst haben wir manchen – inzwischen veralteten – Hinweis auf fachdidaktische Literatur aus den letzten dreißig Jahren des vorigen Jahrhunderts übernommen. Wie jede Wissenschaft baut auch die Fachdidaktik der politischen Bildung auf den Arbeiten der Fachkolleginnen und -kollegen vergangener Zeiten auf. Die Hinweise machen darauf aufmerksam, wie viel wir heute unseren Vorgängern verdanken und wie sehr es sich lohnt, in den „alten" Schriften zu lesen. Manch eine „Neuentdeckung" verliert an Glanz, denn sie ist in früheren Jahren schon längst – vielleicht mit anderer Terminologie – angesprochen und ausgeführt worden. Der Satz von Kurt Gerhard Fischer „Lesen schützt vor Neuentdeckungen" fordert zur Bescheidenheit ebenso auf wie zur Lektüre der „Klassiker".

Die Praxis der politischen Bildung steht vor neuen politikdidaktischen Entwicklungen und Herausforderungen. Heute müssen Politiklehrerinnen und -lehrer u.a. lernen, kompetenzorientierten Politikunterricht zu planen und durchzuführen. Vielleicht hilft ihnen die überarbeitete Neuauflage von Politikdidaktik kurzgefasst beim Übergang in dieses fachdidaktische Neuland.

Am Schluss des Buches werden die Teilnehmerinnen und Teilnehmer der Werkstattgespräche des Arbeitskreises Theorie und Praxis der Bundeszentrale für politische Bildung noch einmal aufgeführt. Hier trafen sich in den 90er Jahren des vorigen Jahrhunderts Fachdidaktikerinnen und Fachdidaktiker mit Politiklehrerinnen und -lehrern aus West und Ost, um gemeinsam an den Zielen, Inhalten, Methoden und Medien des Politikunterrichts zu arbeiten. Die Idee zu *Politikdidaktik kurzgefasst* wurde während dieser Werkstatttreffen entwickelt. Für die Geschichte der politischen Bildung bildet diese Teilnehmerliste ein historisches Dokument. Wer dabei war, bei dem werden Erinnerungen wach an eine Zeit des Aufbruchs in der politischen Bildung. In einer gemeinsamen großen Kraftanstrengung wurden die Grundlagen für unsere Disziplin neu vermessen und passend für die Verwendung in den alten und neuen Bundesländern gemacht. *Politikdidaktik kurzgefasst* ist ein nicht unwichtiges Produkt dieser Bemühungen. Die Neuauflage erinnert auch an die Leistungen in den Jahren nach der Wende 1989/90.

*Gotthard Breit, Peter Massing*
*(Braunschweig und Berlin, im Frühjahr 2010)*

# Vorwort zur Auflage von 1994

Die auf dem ersten Werkstattgespräch im Oktober 1989 in Bonn-Rött-
gen vorgestellte Untersuchung der Bundeszentrale zur „Situation des
Politikunterrichts" gipfelte in der alarmierenden Aussage, dass 58 % der
befragten Lehrerinnen und Lehrer das Fach Politik negativ einschätzen.
Diese Tendenz wird sich angesichts der Politikverdrossenheit nach der
Wende und den vielfältigen Problemen in den neuen Bundesländern
noch verstärkt haben. Festzustellen sind auch erhebliche Brüche und
Verständigungsschwierigkeiten zwischen Theoretikern und Praktikern,
zwischen Hochschule und Schule.

Auf den folgenden Werkstattgesprächen in Bad Harzburg 1991 und
Bonn-Bad Godesberg 1992 haben sich die Vertreter der Politikdidaktik
über die mangelnde Resonanz und Akzeptanz ihrer Theoriekonzepte
beklagt, während die anwesenden Lehrerinnen und Lehrer angesichts
des vielschichtigen Praxisdrucks eine zunehmende Verweigerungshal-
tung bei der Umsetzung didaktischer Theorien beschrieben haben.
Gefordert wurde eine Politikdidaktik aus der Praxis für die Praxis des
politischen Lernens. In den letzten Jahrzehnten ist dazu eine Menge
erdacht, gestritten, verworfen und erneuert worden.

Ergebnis der Werkstattgespräche war ein Katalog von fachwissenschaftlichen und fachdidaktischen Planungsfragen, zu denen
Kommentare auf sehr unterschiedlichem Niveau erarbeitet wurden.
Auf dieser Basis hat eine Redaktionsgruppe weitergearbeitet und in
einem langwierigen und schwierigen Abstimmungsprozess sowohl
Planungsfragen als auch Kommentare neu gefasst. Dabei wurde
das Ziel nicht aus den Augen verloren, etwas zu erarbeiten, was für
fachlich ausgebildete Berufsanfänger, für Lehrerinnen und Lehrer mit
Berufserfahrung, aber auch für solche, die das Fach Politik fachfremd
unterrichten, verstehbar und nachvollziehbar ist. Daher ist wichtig
festzuhalten, dass die vorliegenden Planungsfragen keine systematische
fachwissenschaftliche und fachdidaktische Theorie oder Konzeption
darstellen, sondern vielmehr zentrale Fragen aus der Unterrichtspra-

xis, die vor dem Hintergrund der aktuellen wissenschaftlichen und theoretischen Diskussion kommentiert sind.

Aus diesem Grunde hoffen die Autoren bei Theoretikern und Praktikern auf eine breite Akzeptanz der Planungsfragen, die einen Mindeststandard bei der Planung von politischem Lernen beschreiben und dabei – bei allen Unterschieden – besonders das Gemeinsame und Tragfähige herausstellen.

Mit dem vorliegenden Band wird bewusst ein Brückenschlag zwischen Theorie und Praxis, zwischen Hochschule und Schule versucht und eine strukturierte Hilfe angeboten im weiten Feld un-überschaubarer und widerstreitender Theorien. Der Erfolg wird sich allerdings erst in der Umsetzung zeigen. Aus diesem Grunde sind alle Vertreter von Schule und Hochschule aufgefordert, die vorliegenden Planungsfragen länderübergreifend zu diskutieren und im Rahmen von Unterrichtseinheiten zu erproben.

Der Bundeszentrale, ohne deren Initiative diese Werkstattgespräche nicht zustande gekommen wären, allen, die an den Werkstattgesprächen teilgenommen haben, und den Autoren für ihre unermüdliche Mitarbeit gilt der besondere Dank.

# Einleitung

Unabhängig von individuellen, wissenschaftlichen oder auch länderspezifischen Akzentuierungen findet sich in der Bundesrepublik Deutschland eine große Übereinstimmung bei den grundlegenden Zielen des Politikunterrichts in der Schule. Solche Ziele sind vor allem: Interesse an Politik zu wecken, die Voraussetzungen für eine selbstständige politische Analyse und Urteilsfähigkeit zu schaffen und eine Identifizierung mit den demokratischen Werten zu ermöglichen, die unverzichtbare Grundlage menschenwürdigen Zusammenlebens sind.

Inwieweit sich diese grundlegenden Ziele realisieren lassen, hängt von vielen Faktoren ab, nicht zuletzt davon, ob es den betreffenden Lehrerinnen und Lehrern gelingt, in einer reflektierten Weise zusammenhängende Antworten auf zentrale Entscheidungsfragen zu geben, die sich ihnen bei der Planung und Durchführung von Politikunterricht stellen. Diese Fragen beziehen sich auf die konkreten Ziele des Politikunterrichts und ihre Legitimation, auf die Lerninhalte und die Begründung ihrer Auswahl, auf die gesellschaftlichen, institutionellen und individuellen Lernvoraussetzungen sowie auf die Organisation des Lernprozesses, das heißt auf die Auswahl der Methoden und Medien, der Arbeits- und Interaktionsformen. Die Planungsentscheidungen, die Lehrerinnen und Lehrer immer wieder treffen müssen, liegen also auf unterschiedlichen Ebenen, sind jedoch eng miteinander verknüpft und bedingen sich gegenseitig. Sie beziehen Erkenntnisse der politikdidaktischen Diskussion ebenso mit ein wie Ergebnisse der Politikwissenschaft und anderer Sozialwissenschaften.

Der folgende Fragenkatalog darf nicht als Rezept für die Unterrichtsplanung missverstanden werden. Trotz aller Zutaten steht am Ende keine fertige Unterrichtseinheit und auch der Unterrichtserfolg ist nicht garantiert. Die Fragen sind vielmehr ein Suchinstrument, mit dessen Hilfe Lehrerinnen und Lehrer während der Planung überprüfen können, ob sie wichtige Überlegungen ausgespart haben oder ob zentrale Aspekte nicht ausreichend bedacht und berücksichtigt worden sind.

Der Fragenkatalog ist keineswegs vollständig, und seine Grundlage

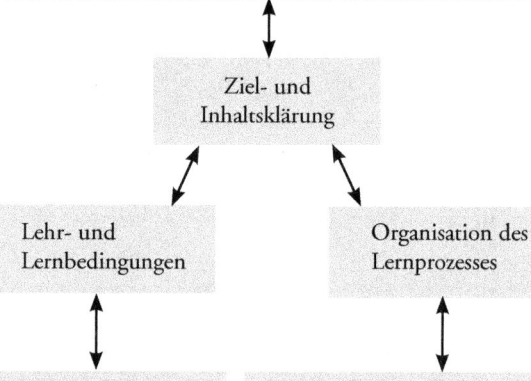

1.  Welches Politikverständnis ist dem Unterricht angemessen?
2.  Wie gewinne ich einen strukturierten Überblick über das Politische?
3.  Wie wird das Politische zum Inhalt des Unterrichts?
4.  Welches politische Grundwissen ist für die Bearbeitung des Themas notwendig?
5.  Wie trage ich zur politischen Urteilsbildung bei?

Ziel- und Inhaltsklärung

Lehr- und Lernbedingungen

Organisation des Lernprozesses

6.  Welche politischen Einstellungen und Lernvoraussetzungen der Schülerinnen und Schüler muss ich berücksichtigen?
7.  Wie kann meine Einstellung den Unterricht beeinflussen?
8.  Welche Bedeutung haben die schulischen Rahmenbedingungen für den Unterricht?

9.  Welche Verlaufsstruktur eignet sich für den Politikunterricht?
10. Welche Kommunikationsformen sind dem politischen Unterricht angemessen?
11. Welche Methoden sind für die Bearbeitung von politischen Themen geeignet?
12. Was muss ich beim Einsatz von Medien berücksichtigen?
13. Wie lässt sich im Politikunterricht der Lernfortschritt überprüfen?

ist nicht eine systematische fachdidaktische oder fachwissenschaftliche Theorie oder Konzeption, sondern es sind die Probleme der Unterrichtspraxis selbst, die zu diesen Fragen geführt haben. Erfahrungen in der Lehrerfort- und -weiterbildung, Unterrichtsbeobachtungen und empirische Unterrichtsforschung haben gezeigt, dass in bestimmten Stadien der Planung politischen Unterrichts immer wieder Schwierigkeiten auftreten. In der Fülle der fachdidaktischen und fachwissenschaftlichen Literatur, im Dickicht unterschiedlicher Positionen und Kontroversen finden Lehrer und Lehrerinnen nur schwer Orientierung und tendieren dazu, sich entmutigen zu lassen. Die einzelnen Fragen versuchen an diesen Schwierigkeiten der Praxis anzusetzen. Bei ihrer Beantwortung wird zwar der fachdidaktische und fachwissenschaftliche Forschungsstand berücksichtigt, aber nicht systematisch, sondern eher im Sinne eines Steinbruchs, in dem vor allem die Ergebnisse genutzt werden, die den Bestand an intersubjektiv anerkannten Problemsichten und methodischen Zugängen repräsentieren.

Die einzelnen Fragen wenden sich an den fachlich ausgebildeten Berufsanfänger, an Lehrerinnen und Lehrer mit Berufserfahrung, aber auch an solche, die das Fach fachfremd unterrichten. Die Antworten sind mit Absicht knapp gehalten. Sie sollen dazu beitragen, schon einmal Gelerntes wieder bewusst zu machen bzw. den Lehrerinnen und Lehrern, die auf keine entsprechende Fachausbildung zurückgreifen können, eine erste Orientierung zu ermöglichen. Darüber hinaus sollen sie Anregungen geben, sich gezielt und vertiefend mit der jeweiligen fachdidaktischen und fachwissenschaftlichen Literatur auseinanderzusetzen.

Die Fragen wurden drei verschiedenen Ebenen der Unterrichtsplanung zugeordnet und so weit wie möglich in eine logische Struktur gebracht. Daraus könnte leicht der Eindruck entstehen, Unterrichtsplanung sei ein additiver Vorgang und die Fragen enthielten eine bestimmte Abfolge, die bei der Bearbeitung einzuhalten sei. Dies wäre ein falscher Eindruck, und er würde ein wichtiges Merkmal von Unterrichtsplanung außer Acht lassen. Unterrichtsplanung ist nämlich kein linearer, sondern ein zirkulärer Denkprozess. Dies bedeutet zweierlei: Zum einen ist der Beginn des Planungsprozesses nicht festgelegt. Lehrerinnen und Lehrer können praktisch mit jeder Frage in die Planung einsteigen, müssen jedoch im Verlauf ihrer Überlegungen alle Fragen reflektieren und Entscheidungen dazu treffen. Zum anderen stehen alle Planungsfragen in einer engen Beziehung zueinander. Das heißt, die Entscheidung zu einer Frage hat Auswirkungen auf alle anderen Entscheidungen. Notwendig ist eine ständige Abstimmung und Korrektur so lange, bis alle Planungsentscheidungen zueinander passen. Das Schaubild soll diese Zusammenhänge verdeutlichen:

Mit welcher Frage die Lehrerin oder der Lehrer bei ihrer Unterrichtsplanung beginnen und in welcher Reihenfolge sie die Fragen durchlaufen, können sie im konkreten Fall nur selbst entscheiden. Die Fähigkeit dazu erwerben sie in erster Linie in einer gründlichen fachdidaktischen und fachwissenschaftlichen Ausbildung, durch Übung und ständige Reflexion der Planung auf Grundlage von Unterrichtsverlauf und Unterrichtsergebnis. Die Fragen und Antworten können dies alles nicht ersetzen, sondern nur eine erste Hilfe anbieten, nicht mehr, aber auch nicht weniger.

Die Leserin und der Leser werden schnell feststellen, dass den Fragen und Antworten ein bestimmtes Verständnis von Politikunterricht zugrunde liegt, das von drei Grundgedanken getragen wird: dem Gedanken des exemplarischen, problemorientierten Lernens, der Idee der kategorialen Bildung und der Vorstellung, dass „der Kern" des Unterrichts „das Politische" ist. Dennoch verpflichten sie die Lehrerin und den Lehrer nicht auf eine bestimmte politikwissenschaftliche Theorie oder politikdidaktische Konzeption. Sie bilden vielmehr auf Grundlage dieses Verständnisses einen weitgehend formalen Rahmen, den Lehrer und Lehrerinnen, orientiert an einer oder mehreren fachdidaktischen Konzeptionen ihrer Wahl, selbstständig ausfüllen können. Die Offenheit darf jedoch nicht als Beliebigkeit missverstanden werden, und so repräsentieren die Fragen und Antworten gleichzeitig einen Mindeststandard für die Planung von Politikunterricht.

Wichtigstes Ziel der kleinen Schrift aber ist es, Politiklehrerinnen und -lehrern Hilfen für ihre unmittelbare Unterrichtspraxis zu geben und sie gleichzeitig wieder neugierig zu machen auf politikdidaktische und politikwissenschaftliche Ergebnisse und Diskussionen.

## Neuere Literatur

GPJE (Hrsg.) (2002): Politische Bildung als Wissenschaft. Bilanz und Perspektiven, Schwalbach/Ts.

Gotthard Breit/Georg Weißeno (2003): Planung des Politikunterrichts, Schwalbach/Ts.

Projektgruppe Berlin (Hrsg.) (2004): Beispiel Wahlen. Planung und Methoden des Politikunterrichts in der Praxis, Schwalbach/Ts.

Gotthard Breit/Peter Massing (2006) (Hrsg.): Politikunterricht geplant. Kommentierte Unterrichtseinheiten für die Praxis, Schwalbach/Ts.

Volker Reinhardt (Hrsg.) (2007): Planung Politische Bildung. Handbuch für den sozialwissenschaftlichen Unterricht, Hohengehren.

Gotthard Breit (2010): Allein vor der Klasse. Meine erste Stunde im Politikunterricht, Schwalbach/Ts.

# Ziel- und Inhaltsklärung

Die Fragen und Antworten auf der Ebene der Ziel- und Inhaltsklärung sind für den Politikunterricht im Wortsinne „Grund legend" und stellen den Kern der Unterrichtsplanung dar, ohne damit die Bedeutung der anderen Ebenen und Fragen zu unterschätzen und klein zu reden. Wer im Unterrichtsalltag vom Konkreten und Allgemeinen her Strukturelemente der Politik sichtbar machen, Grundwissen vermitteln und zur politischen Urteilsbildung befähigen will, muss beim Vordenken und Planen von Politikunterricht sich in erster Linie mit Fragen der Ziel- und Inhaltsklärung beschäftigen. Die ersten beiden Fragen betreffen dabei noch nicht unmittelbar die Unterrichtsplanung, sondern beziehen sich im Wesentlichen auf deren fachliche Voraussetzungen. Lehrerinnen und Lehrern werden darin methodische Hilfen vorgestellt, die ihnen einen strukturierten Zugriff auf politische Inhalte (Probleme, Prozesse, Strukturen) ermöglichen. Sie sollen ihnen bei der Vorbereitung ihres Unterrichts die Aufgabe erleichtern, sich den Sachbereich, aus dem sie ihren Unterrichtsinhalt nehmen wollen, zunächst einmal für sich selbst mit einem wissenschaftlich vertretbaren Zugang zu erschließen. Auf diese Weise können sie nicht nur ihr eigenes Orientierungswissen ergänzen und systematisch ordnen, sondern sie lernen auch Prinzipielles und

Verallgemeinerbares von Politik zu erkennen und kategorial zu erfassen. In diesem Zusammenhang ist es notwendig, auf politikwissenschaftliche Ansätze und Erkenntnisse zurückzugreifen. Sie stellen die fachlichen Wissensbestände zur Verfügung und sie erzeugen das Problembewusstsein, das notwendig ist, um reflektiert und begründet die Entscheidungen treffen zu können, die sich im engeren Sinne auf die Planung von Politikunterricht beziehen. Mit den Fragen zur Unterrichtsplanung wird dann das Feld der Fachdidaktik betreten. Die notwendige Verknüpfung von Fachwissenschaft und Fachdidaktik versucht die Frage zu leisten: „Wie wird das Politische zum Inhalt des Unterrichts?" Sie erhält dadurch eine wichtige Brückenfunktion, und letztlich hängt das Gelingen der Unterrichtsplanung insgesamt zu einem großen Teil von der Plausibilität der Entscheidungen ab, die bei der Beantwortung dieser Frage zu treffen sind. Das heißt, die Wahl der didaktischen Perspektive und die Formulierung des Themas sind für die Planung und Durchführung politischen Unterrichts entscheidend. Vor allem die Fachdidaktik bietet den Lehrerinnen und Lehrern bei dieser Aufgabe Hilfen an ebenso wie bei der Frage nach dem notwendigen politischen Grundwissen und nach den Möglichkeiten politischer Urteilsbildung.

# Kapitel 1

# Welches Politikverständnis ist dem Unterricht angemessen?

Die Ziele, die politische Bildung im Unterricht erreichen soll, sind vielfältig und im Einzelnen umstritten. Dennoch besteht in Fachwissenschaft und Fachdidaktik weitgehend Einigkeit darüber, dass es zumindest ein fundamentales Lernziel des Politikunterrichts ist, bei Schülerinnen und Schülern Verständnis für Politik zu wecken und Einsichten in politische Zusammenhänge zu ermöglichen. Die Verwirklichung dieses Zieles setzt voraus, dass die Lehrenden selbst eine konkrete Vorstellung davon haben, was Politik kennzeichnet. Sie benötigen also einen eigenen Politikbegriff, der in Form eines Koordinatensystems die prägenden Elemente des Politischen enthält. Denn nur wer in dem weiten und oft unübersichtlichen Feld der Politik selbst Orientierungspunkte besitzt, kann anderen Wege der Orientierung eröffnen.

Wenn eine wichtige Aufgabe des politischen Unterrichts darin liegt, an grundlegenden sozialen Erfahrungen der Schüler und Schülerinnen und an ihrem politischen Vorwissen anzuknüpfen, dieses zu ordnen, ins Bewusstsein zu heben, es vorsichtig zu erweitern und für das Verständnis komplexer Zusammenhänge nutzbar zu machen,[1] kann dies nur gelingen, wenn die betreffenden Lehrerinnen und Lehrer selbst über einen Politikbegriff verfügen, der über den ihrer Schülerinnen und Schüler hinausgeht und der willkürliche und unbewusste Ausblendungen von politischen Wirklichkeiten und Möglichkeiten vermeidet.

Um solch einen Politikbegriff zu entwickeln, muss man sich mit der Politikwissenschaft und ihren Ergebnissen auseinandersetzen. Ein Blick auf verschiedene politikwissenschaftliche Beiträge, die sich mit dieser Frage beschäftigen, zeigt jedoch, dass damit das Problem nur verlagert wird. In der Politikwissenschaft findet sich nämlich nicht nur ein einziger oder gar der „richtige" Politikbegriff, sondern eine Vielzahl von unterschiedlichen Politikbegriffen. Ob Macht, Konflikt, Herrschaft oder Friede Politik im Wesentlichen kennzeichnet, ist wissenschaftlich und politisch umstritten.[2]

Zeigt sich darin die Unfähigkeit der Politikwissenschaft, über ihren Gegenstand Klarheit zu gewinnen? Die Ursachen liegen wohl tiefer. Politikbegriffe gehen auf unterschiedliche ideengeschichtliche Traditionen und historische Erfahrungen zurück und sie sind von unterschiedlichen Interessen geprägt. Ein weiterer wesentlicher Grund liegt darin, dass der Gegenstand, den die Begriffe zu fassen versuchen, nicht einfach vorgegeben ist und nicht einen bereits klar umrissenen Aspekt oder ein eindeutig absteckbares Feld der gesellschaftlichen Wirklichkeit darstellt. Das Politische muss auf dem Wege über begriffliche Abstraktionen aus der gesellschaftlichen Wirklichkeit heraus präpariert werden. Dabei wird notwendigerweise zwischen wesentlichen und weniger wesentlichen Elementen unterschieden. Die verschiedenen Politikbegriffe unterscheiden sich grundlegend darin, welche Momente der politischen Wirklichkeit sie besonders hervorheben und welche sie mehr oder weniger ausblenden,[3] denn sie erfassen immer nur bestimmte, niemals alle Aspekte der politischen Wirklichkeit. Diese ist offensichtlich im Regelfall so vielgestaltig und facettenreich, dass sie sich nicht in einer einfachen Definition einfangen lässt. Es hat sich mehr und mehr die Einsicht durchgesetzt, dass es sinnvoller ist, Politikbegriffe als Arbeitsbegriffe zu verstehen und zu verwenden. Damit ist gemeint, wer ein Projekt auf einem politikwissenschaftlichen Teilgebiet plant, wer einen wissenschaftlichen Aufsatz schreibt, wer eine empirische Untersuchung durchführt, entscheidet sich für einen bestimmten Politikbegriff und damit für einen bestimmten Zugang zu seiner jeweiligen Arbeit. Er wählt Ausschnitte und Aspekte aus dem vielschichtigen und komplexen Gesamtfeld der Politik aus und setzt damit bewusst Akzente, das heißt, er hebt bestimmte Momente der politischen Wirklichkeit besonders hervor und vernachlässigt andere.[4]

Wenn die jeweilige Arbeit über die Wahl des Begriffs entscheidet, dann stellt sich die Frage, welche Arbeit der Politikunterricht leistet und welcher Politikbegriff am besten den Anforderungen dieser Arbeit entspricht. Ein zentraler Aspekt dieser Unterrichtsarbeit liegt in dem Ziel, Schülerinnen und Schülern eine vernünftige Vorstellung von der komplexen Wirklichkeit und den prägenden Elementen des Politischen zu vermitteln. Daraus lässt sich für den Politikbegriff eine Reihe von notwendigen Bedingungen ableiten:

– Der Politikbegriff sollte die Komplexität der politischen Wirklichkeit einfangen; seine Verwendung darf nicht dazu führen, dass wichtige Teile davon ausgeblendet werden.

– Er sollte sich gleichzeitig dazu eignen, die Komplexität der politischen Wirklichkeit zu strukturieren und zu systematisieren.

– Er sollte sich in ein Analyse- und Suchinstrument umformulieren lassen, mit dessen Hilfe das Politische sich so aufschließen lässt, dass das Strukturelle, das Typische und Prinzipielle von Politik deutlich wird.

– Er sollte praktikabel sein. Das heißt, mit seiner Hilfe sollte man Politikunterricht strukturieren und steuern können.

Zusammengefasst bedeutet dies: Politiklehrerinnen und -lehrer benötigen für den politischen Unterricht einen möglichst unverkürzten Begriff von Politik, der die Vielzahl der Aspekte und Elemente der politischen Wirklichkeit zusammenhält und integriert und sie gleichzeitig strukturiert und systematisiert.

Diese Leistung kann eine Sichtweise von Politik erbringen, die sie als grundsätzlich mehrdimensional strukturiert beschreibt. Dabei werden *drei Dimensionen des Politischen* unterschieden: ihre *institutionelle Dimension* (polity), *ihre normativ-inhaltliche Dimension* (policy) und *ihre prozessuale Dimension* (politics).

Damit ist Folgendes gemeint:

„Politik hat … erstens eine institutionelle Dimension, die durch Verfassung, Rechtsordnung und Tradition festgelegt ist. Auch die Grundsätze der politischen Willensbildung werden durch Institutionen kanalisiert: Wahlen, Grundrechte der Meinungsfreiheit, Parteien und Verbände ... der Handlungsspielraum wird durch die Institutionen abgesteckt. Im Englischen nennt man diese institutionelle Dimension von Politik polity.

Politik hat zweitens eine normative, inhaltliche Dimension, die auf Ziele, Aufgaben und Gegenstände von Politik verweist. Die Gestaltung und Aufgabenerfüllung von Politik ist von Interessen abhängig ... (Daher) ist der inhaltliche Gestaltungsraum von Politik mit Konflikt-stoff gefüllt. Die inhaltliche Dimension von Politik kann man in der englischen Begrifflichkeit als policy bezeichnen.

Politik hat drittens eine prozessuale Dimension, die auf Vermittlung von Interessen durch Konflikt und Konsens abstellt. Dieser ständige Prozess der politischen Willensbildung und Interessenvermittlung kann durch das Studium der Institutionen oder der Inhalte nicht begriffen werden. ... Für die dritte Dimension des Politikbegriffs hat die englische Sprache das Wort politics anzubieten."[5]

Alle drei Dimensionen – die institutionelle Form, der Inhalt und der prozessuale Verlauf – machen dann zusammen das aus, was als Politik bezeichnet werden kann. Ein solches, breit angelegtes Ver-ständnis von Politik ist unumgänglich, „wenn man den Blick für die Fülle politischer Wirklichkeiten und Möglichkeiten bewahren und nicht zum Gefangenen konkret vorgefundener Politikverständnisse und Politikwirklichkeiten werden will."[6] Aus diesem Grund erweist es sich für die Praxis des Politikunterrichts auch als hilfreich, wenn nicht nur ein Zugang zu den kennzeichnenden Merkmalen des Poli-tischen zur Verfügung steht. Neben den Dimensionen des Politischen bietet die Politikwissenschaft noch einen weiteren Politikbegriff an, der sich als Arbeitsbegriff für den politischen Unterricht bewährt hat. Dieser Begriff beschreibt Politik als eine „prinzipiell endlose Kette von Versuchen zur Bewältigung von gesellschaftlichen Gegenwarts- und Zukunftsproblemen".[7] Diesem Verständnis von Politik liegt das Modell des Politikzyklus zugrunde, das im Mittelpunkt der Policy-Forschung steht. Diese ist in der Politikwissenschaft zwar durchaus umstritten, hat in jüngster Zeit aber immer mehr an Bedeutung gewonnen.[8]

Die Policy-Forschung beschreibt und analysiert Politik als einen

Prozess der Problemverarbeitung oder der Problembewältigung und gliedert diesen Prozess modellhaft in folgende Phasen (Politikzyklus):

**1. Phase:** Ein Problem tritt ins öffentliche Bewusstsein. Aufgrund der Forderungen bestimmter gesellschaftlicher und politischer Gruppierungen wird aus einem latenten gesellschaftlichen Problem ein politisches Problem, das die Politik zum Handeln herausfordert.

**2. Phase:** Über das politische Problem kommt es zu Auseinandersetzungen zwischen verschiedenen politischen und gesellschaftlichen Gruppen.

**3. Phase:** Das Problem wird in die Form einer politisch-administrativen Entscheidung gebracht, wobei auch eine Nichtentscheidung letztlich eine Entscheidung ist.

**4. Phase:** Durch nachgeordnete politische und administrative Akteure, gesellschaftliche Gruppen und Organisationen sowie Einzelne erfährt die Entscheidung ihre konkrete Ausgestaltung.

**5. Phase:** Die Entscheidung und die Umsetzung der Entscheidung sowie die daraus resultierenden Ergebnisse und Wirkungen werden bewertet und rufen Reaktionen der Zustimmung und der Ablehnung hervor.

**6. Phase:** Diese Reaktionen werden politisch umgesetzt und führen zur Weiterführung, Veränderung oder Beendigung des Problems.[9]

Für die Wahl dieses Arbeitsbegriffes spricht eine Reihe von Argumenten:

1. Ähnlich wie die drei Dimensionen des Politischen entspricht dieses Politikverständnis den oben formulierten Anforderungen an einen Arbeitsbegriff.

2. Die dynamische Prozesssicht, die diesen Politikbegriff kennzeichnet, wirkt der Gefahr einer isolierten institutionellen und politikprozessualen Betrachtungsweise entgegen. Sie verknüpft vielmehr diese

mit der inhaltlichen Dimension des Politischen, ohne dass die Inhalte als etwas Statisches oder Feststehendes erscheinen.

3. Dieser Politikbegriff kann zu der Einsicht führen, die für das Begreifen demokratischer Politik in einer modernen pluralistischen Gesellschaft grundlegend ist: dass demokratische Politik immer wieder vor der Notwendigkeit steht, Positionen und Entscheidungen zu korrigieren oder zu revidieren und nach neuen Lösungen zu suchen. Gelingt es nicht, Jugendlichen ein Verständnis dafür zu vermitteln, wird ihnen das beharrliche, prinzipiell endlose Bemühen um Teillösungen in einer Kette konflikthafter, gewalten teilig kontrollierter, auch vom Scheitern bedrohter, ständig korrekturbedürftiger Lösungsversuche leicht unansehnlich erscheinen im Vergleich zu den vereinfachenden Verheißungsmodellen von rechts und links.

4. Die Wahl dieses Arbeitsbegriffes kann auch einem rein technizistischen Vorverständnis von Politik entgegenwirken, das Jugendliche häufig haben. Sie neigen dazu, Vorstellungen von technischer Planung auch auf die Politik zu übertragen: Wie der Architekt versagt hat, der ein Gebäude konstruiert, das kurz nach seinem Bau Risse zeigt, so ist der Politiker ein schlechter Gesellschaftsarchitekt, dessen Politikentwurf sich bald als korrekturbedürftig erweist. Demgegenüber kommt es darauf an, im Unterricht zu zeigen, dass politische Lösungsentwürfe und darauf basierende politische Entscheidungen den Keim der Korrektur oder Revision bereits in sich tragen, warum das notwendigerweise so ist und dass ohne diese Selbstbescheidung, auf der Politik in der Demokratie beruht, Freiheit ständig gefährdet wäre.

5. Für ein Verständnis der Politik als Problemberarbeitung spricht letztlich auch, dass politisches Handeln zunehmend durch das öffentliche Bewusstsein geprägt wird, Politik müsse schon „aus Gründen der Selbsterhaltung ein bestimmtes Niveau erfolgreicher Problemlösung erzielen".[10] Zeigt Politik dieses Maß an Problemlösungsfähigkeit nicht, leistet sie damit einer zunehmenden Politikverdrossenheit Vorschub.

Bei der Entscheidung für diesen Politikbegriff muss man sich jedoch auch seine Grenzen deutlich vor Augen führen. Als Arbeitsbegriff umfasst er eben nicht alle Aspekte, unter denen Politik sich vollzieht. Man kann, und es ist nach aller Erfahrung auch durchaus hilfreich, Politik als einen Prozess der Problembearbeitung analysieren. Man darf aber nicht damit zugleich behaupten, dass er nach Anlass und Ergebnis und auch im Verständnis der Akteure lediglich ein Problembearbeitungsprozess ist. Politik dient nicht immer der Bewältigung von gesellschaftlichen Problemen, sondern mitunter auch dem Auskungeln der Besetzung von Positionen und Ämtern, dem Ausschalten missliebiger Konkurrentinnen und Konkurrenten zum Beispiel in der eigenen Partei oder der Absicherung und Verbesserung materieller Positionen einzelner Politiker oder der politischen Klasse. Lehrer und Lehrerinnen müssen also immer bedenken, dass sich ihr Arbeitsbegriff nicht mit dem Politikbild der Schüler und Schülerinnen decken muss, wenn diesen Politik im Alltag gerade nicht als entscheidungsorientiertes Bemühen um die Bewältigung gesellschaftlicher Probleme begegnet. Dominiert allerdings dieses Bild im Bewusstsein der Schüler und Schülerinnen, führt es zur Ablehnung von Politik insgesamt. Prägt es gar auf Dauer politische Einstellungen und politisches Verhalten, dann wird die Legitimitätsgrundlage der Politik brüchig. Indem Lehrer und Lehrerinnen auch solche weißen Flecken ihres Politikbegriffs thematisieren, machen sie diese der rationalen Erörterung und Behandlung im Unterricht zugänglich.

Die Beschäftigung mit der politikwissenschaftlichen Diskussion über Politikbegriffe soll zwei Aufgaben erfüllen. Lehrer und Lehrerinnen können sich dabei ihr Alltagsverständnis von Politik bewusst machen, das in ihren Unterricht einfließt. Sie können überprüfen, inwieweit dieses Verständnis vor dem Hintergrund der wissenschaftlichen Diskussion und den Anforderungen des Politikunterrichts beibehalten werden kann oder modifiziert und ergänzt werden muss. Die drei Dimensionen des Politischen wie der Politikzyklus können dazu beitragen, wichtige Fragen an die Politik nicht zu vergessen, zentrale Aspekte des Politischen nicht auszublenden, und sie können helfen, das Typische, Prinzipielle und Verallgemeinerbare, was Politik kennzeichnet, zu erfassen.

## Anmerkungen

1  Vgl. Hermann Giesecke, Einführung in die Politik. Lehrerheft zur 2. Aufl., Stuttgart 1979, S. 3.

2  Ulrich von Alemann, Politikbegriffe, in: Dieter Nohlen (Hrsg.), Wörterbuch Staat und Politik, München 1991, S. 491.

3  Karl Rohe, Politikbegriffe, in: Wolfgang Mickel (Hrsg.), Handlexikon zur Politikwissenschaft (Schriftenreihe der Bundeszentrale für politische Bildung, Bd. 237), Bonn 1986, S. 350. Vgl. auch ausführlicher ders., Politik – Begriffe und Wirklichkeiten, Stuttgart ²1994.

4  Vgl. dazu und zum folgenden: Peter Massing/Werner Skuhr, Die Sachanalyse – Schlüssel für die Planung von Politikunterricht, in: Gegenwartskunde, 2/1993, S. 241-275.

5  Ulrich von Alemann (Anm. 2).

6  Karl Rohe, Politikbegriffe (Anm. 3) S. 353.

7  Peter Massing/Werner Skuhr (Anm. 5) S. 252.

8  Vgl. Hans-Hermann Hartwich (Hrsg.), Policy-Forschung in der Bundesrepublik Deutschland. Ihr Selbstverständnis und ihr Verhältnis zu den Grundfragen der Politikwissenschaft, Opladen 1985. Policy-Forschung oder das deutsche Pendant Politikfeldanalyse beschäftigt sich mit einzelnen Politikfeldern, zum Beispiel Sozialpolitik, Umweltpolitik, Bildungspolitik usw. Im Zentrum des Interesses der Politikfeldanalyse stehen die Art und Weise staatlicher Aktivitäten, die Problembewältigung und ihre Instrumente.

9  Vgl. Adrienne Windhoff-Heritier, Policy-Analyse. Eine Einführung, Frankfurt/M./New York 1987, S. 85.

10  Vgl. Renate Mayntz, Problemverarbeitung durch das politisch-administrative System: Zum Stand der Forschung, in: Joachim Jens Iesse (Hrsg.), Politikwissenschaft und Verwaltungswissenschaft (PVS-Sonderheft 13), Opladen 1982, S. 84.

## Neuere Literatur

Peter Massing/Georg Weißeno (Hrsg.) (1995): Politik als Kern der politischen Bildung. Wege zur Überwindung unpolitischen Politikunterrichts, Opladen.

Hans-Werner Kuhn/Peter Massing (Hrsg.) (1999): Politikunterricht kategorial + handlungsorientiert, Schwalbach/Ts.

Kerstin Pohl (Hrsg.) (2004): Positionen der politischen Bildung, Bd. 1., Schwalbach/Ts. (Fachdidaktische Politikbegriffe)

Peter Massing (2007): Politik. In: Georg Weißeno u.a. (Hrsg.): Wörterbuch politische Bildung, Schwalbach/Ts., S. 281-290.

Gotthard Breit (2007): Gut gemeint ist nicht gut gemacht! Verstärkt Politik als Inhalt des Politikunterrichts Politikverdrossenheit? In: Gotthard Breit/Peter Massing (Hrsg.): Politik im Politikunterricht, Schwalbach/Ts.

Nils C. Bandelow/Klaus Schubert (Hrsg.) (2009): Lehrbuch Politikfeldanalyse 2.0., München/Wien, 2. Aufl.

Georg Weißeno/Joachim Detjen/Ingo Juchler/Peter Massing/Dagmar Richter (2010): Konzepte der Politik. Ein Kompetenzmodell, Schwalbach/Ts.

# Wie gewinne ich einen strukturierten Überblick über das Politische?

Auf die Entscheidung für einen bestimmten Sach- oder Themenbereich folgt nicht sofort die konkrete Unterrichtsplanung, sondern zunächst einmal die fachliche Einarbeitung in diesen Themenbereich. Lehrerinnen und Lehrer müssen sich einen Überblick über den Stand der wissenschaftlichen Forschung und der politischen Diskussion verschaffen. Treffen sie „ohne nähere Sachinformation aus (ihrem) mehr oder weniger zufällig vorhandenen Wissen heraus didaktische Entscheidungen, dann wird die Unterrichtseinheit wahrscheinlich misslingen ... Ein Lehrer wird etwas fachwissenschaftlich Falsches oder Einseitiges auch mit einem Medienfeuerwerk und mit Methodenvielfalt im Unterricht immer als falsche bzw. einseitige Lernaufgabe präsentieren".[1]

Da es ein fundamentales Lernziel des Politikunterrichts ist, bei Schülerinnen und Schülern Verständnis für Politik zu wecken und Einsichten in politische Zusammenhänge zu ermöglichen, um damit die Grundlage für weitergehende Lernziele wie Fähigkeit zum selbstständigen Urteil, Erkenntnisse der Zusammenhänge zwischen politischem Geschehen, eigenen Lebenslagen und Interessen, Bereitschaft zum politischen Engagement, Konflikt- und Konsensfähigkeit zu schaffen, ist damit gleichzeitig die Entscheidung für einen Unterricht getroffen worden, in dessen Mittelpunkt das Politische steht. Die eigene Einarbeitung der Lehrerin oder des Lehrers in den Themenbereich kann dann nicht beliebig sein, sondern muss einer politikwissenschaftlichen Systematik folgen, in der prägende Elemente des Politischen und politische Zusammenhänge erkennbar werden. Ausgangspunkt einer solchen Systematik können die jeweiligen Politikbegriffe sein, die im vorangegangenen Kapitel als sinnvolle Arbeitsbegriffe vorgestellt worden sind. Beide Politikbegriffe – die drei Dimensionen des Politischen ebenso wie der Politikzyklus – haben eine doppelte Funktion:

1. Inhaltlich führen sie die Lehrer und Lehrerinnen zum Politischen und markieren die Grenzen zu anderen Bereichen der gesellschaftlichen Wirklichkeit.

2. Methodisch können sie in eine Vielzahl von Kategorien aufgefächert werden, die sich als Analyse- und Suchinstrument nutzen lassen.

Als Kategorien gelten hier Grundbegriffe, die in Schlüsselfragen umformuliert werden können. Mit ihrer Hilfe lassen sich zum einen konkrete politischen Vorgängen in ihren wesentlichen Aspekten erarbeiten, zum anderen schließen sie gleichzeitig das Aktuelle so auf, dass im Konkreten das Typische, Prinzipielle, Verallgemeinerbare deutlich wird. Das heißt, die Verwendung von Kategorien und entsprechenden Schlüsselfragen erlaubt es, einzelne Fälle, Konflikte oder Probleme in die allgemeinen Strukturen der Politik einzuordnen.

Im Folgenden soll nun gezeigt werden, wie auf Grundlage der drei Dimensionen des Politischen ein Kategoriensystem aufgebaut werden kann, mit dessen Hilfe sich politische Probleme auf allen Ebenen – auf der lokalen ebenso wie auf der internationalen Ebene – erschließen lassen.

Den Dimensionen des Politischen werden jeweils Kategorien zugeordnet und diese entsprechend in Schlüsselfragen umformuliert. Die Kategorien kommen aus der Fachwissenschaft, gründen aber nicht auf einer geschlossenen Systematik oder einer politischen Theorie im engeren Sinne. Sie erheben auch keinen Anspruch auf Vollständigkeit. Für ihre Auswahl spricht, dass sie sich in der Praxis bewährt haben. Darüber hinaus steht es den Lehrerinnen und Lehrern, die damit arbeiten, frei, sie entsprechend ihrem Politikverständnis zu ergänzen.

Aus der Verbindung Dimensionen – Kategorien – Schlüsselfragen ergibt sich ein Koordinatensystem im Sinne eines methodischen

Analyse- und Suchinstruments, das sich auf beliebige politische Probleme anwenden lässt und das einen strukturierten Überblick über das Politische ermöglicht.

Für eine erste Annäherung an den Gegenstand erweist sich die Arbeit mit diesem Kategoriensystem, das auf den drei Dimensionen aufbaut, als durchaus hilfreich. Jedoch weist dieser Ansatz auch einige Defizite auf.

– Obgleich immer wieder betont wird, dass die Dimensionen des Politischen in einem engen Zusammenhang und in einem Spannungsverhältnis zueinander stehen und nur zum Zwecke der Analyse getrennt werden können, besteht die Gefahr, dass diese Einsicht bei der Arbeit mit ihnen verloren geht. In der begrifflichen Unterscheidung ist die Tendenz angelegt, dass sich die Dimensionen verselbstständigen, und die Gefahr der Zergliederung eines Realzusammenhangs ist groß.

## Dimensionen des Politischen als Analyseinstrument

| Dimensionen | Kategorien | Schlüsselfragen |
|---|---|---|
| Polity (Form) Politischer Handlungsrahmen | – Internationale Abkommen und Regelungen | Welche internationalen Abkommen/Regelungen bestimmen den Handlungsrahmen? |
| | – Grundgesetz | Welche Grundgesetzartikel werden berührt? |
| | – Zentrale Verfassungsprinzipien | Welche zentralen verfassungsrechtlichen Prinzipien müssen berücksichtigt werden? |
| | – politische Institutionen | Welche politischen Institutionen sind an politischen Entscheidungen beteiligt und welche Kompetenzen haben sie? |
| | – Gesetze und Rechtsnormen | Welche Gesetze und Rechtsnormen spielen eine Rolle? |
| | – Politische Kultur | Welche Wirkungen hat die politische Kultur? |

| Policy (Inhalt) Inhaltliche Handlungspro- gramme | – Politisches Problem | Um welches politisches Problem geht es? |
|---|---|---|
| | – Programme – Ziele – Lösungen | Welche Ziele sollen erreicht werden? Welche Lösungsvorschläge werden diskutiert? |
| | – Ergebnisse der Politik | Zu welchem Ergebnis hat die Politik geführt? |
| | – Bewertung der Politik | Wie werden die Ergebnisse bewertet? |
| Politics (Prozess) Politischer Willens- bildungs- und Entscheidungs- prozess | – politische Akteure – Beteiligte, Betroffene | Welche politischen Akteure stehen im Mittelpunkt? Wer ist beteiligt, wer ist betroffen? |
| | – Partizipation | Welche Chancen der Mitwirkung bestehen und welche werden genutzt? |
| | – Konflikte – Kampf um Macht- anteile und – um Entscheidungs- befugnis | Wie verlaufen die Konfliktlinien? Welche Machtstrukturen lassen sich feststellen und was beeinflusst sie? |
| | – Interessen (vermittlung) artikulation -auswahl -bündelung -durchsetzung | Welche Interessen können definiert werden, wie werden sie vermittelt und durchgesetzt? |
| | – Legitimations- beschaffung – Verhandlungen – Kompromiss- suche – Konsensfindung | Wie werden Mehrheiten gefunden und wie wird Zustimmung gesucht? |

- Mit Hilfe der Dimensionen des Politischen gelingt es auch nur, einen politischen Realzusammenhang zu einem bestimmten Zeitpunkt zu erfassen. Trotz der Berücksichtigung der prozessualen Dimension (politics) erscheint Politik unhistorisch, im Moment der Analyse statisch, ähnlich der Fotografie, die auch nur den Augenblick festhält.

## Der Politikzyklus als Analyseinstrument

Eine weitere Möglichkeit, ein Kategoriensystem aufzubauen, das den Lehrerinnen und Lehrern einen inhaltlichen und methodischen Zugang zur politischen Wirklichkeit eröffnet, bietet das Modell des Politikzyklus. Grundlage des Politikzyklus ist, wie oben dargestellt, ein Verständnis von Politik „als einer prinzipiell endlosen Kette von Versuchen zur Bewältigung gesellschaftlicher Probleme". Die Aufteilung dieses Prozesses in einzelne Phasen und die diesen Phasen zugeordneten Kategorien und Schlüsselfragen bieten bei der Einarbeitung in einen politischen Themenbereich große analytische Vorteile. Zum einen lässt sich deutlicher als bei den drei Dimensionen der Prozesscharakter von Politik (Politik als permanente Aufgabe) – die häufig in der Vergangenheit beginnt, die Gegenwart prägt und in die Zukunft hineinreicht – zeigen, zum anderen wird das Spannungs- und Abhängigkeitsverhältnis, in dem die einzelnen Kategorien zueinander stehen, klarer.

Dennoch birgt auch die Arbeit mit diesem methodischen Instrumentarium Gefahren. Die größte besteht wohl darin, dass man leicht der Verlockung erliegen kann, mit Hilfe des Phasenmodells auch den realen politischen Prozess wohlstrukturiert zu ordnen. Dabei wird übersehen, dass der Politikzyklus nicht die Wirklichkeit selbst, sondern nur ein methodisch-analytisches Modell ist. In der politischen Wirklichkeit sind die einzelnen Stadien nicht klar unterschieden und deutlich voneinander getrennt. Sie überschneiden sich häufig und laufen teilweise parallel. Die komplexe Realität sperrt sich im konkreten Fall gegenüber einer eindeutigen phasenmäßigen Untergliederung. Besonders augenfällig lässt sich dies bei der zentralen Kategorie Problem zeigen, von der der Politikzyklus logisch seinen Ausgang nimmt und zu der er wieder hinführt.

Die Kategorie Problem ist nur schwer fassbar. Das liegt unter anderem daran, dass Probleme keine objektiven Größen sind. Sie existieren nicht an sich und bedürfen der bloßen Feststellung. Differenzierter ausgedrückt, „neben objektiv erhärtbaren Bestandteilen weisen sie auch subjektive Elemente auf, die subjektive Überzeugung, dass eine Situation geändert werden sollte".[2]

Was vor dem Hintergrund einer unendlichen Vielzahl sozialer Phä-
nomene letztlich als Problem wahrgenommen wird, ist Ergebnis eines
konflikthaften individuellen und gesellschaftlichen Auswahlprozesses.
Dieser Prozess ist nur schwer zu analysieren oder zu beschreiben. Er
lässt sich keiner institutionellen Struktur zuordnen, die für die Problem-
formulierung zuständig ist. Vielmehr beteiligen sich beliebige gesellschaftliche Gruppen, Individuen und Institutionen an diesem Prozess,
der sich auf subtile, fließende, informelle und schwer objektivierbare
Weise im öffentlichen Bewusstsein vollzieht.[3] Es kann kaum eindeutig
bestimmt werden, wer mit welcher Rolle und mit welcher Wirkung
daran beteiligt ist. Das Ergebnis dieses Prozesses besteht in der Regel
darin, dass von einer größeren Anzahl von Gesellschaftsmitgliedern
aus einer unendlich großen Zahl von Problemen eines (oder mehrere)
als so unerträglich und dringlich angesehen wird, dass es einer politischen Lösung zugeführt werden muss. Diese Lösung bleibt letztlich
ungewiss, da immer unterschiedliche Lösungsalternativen existieren,
deren Wirkungen offen sind. Diese Merkmale – Unerträglichkeit,
Dringlichkeit, Ungewissheit –[4] sind wichtige Voraussetzungen dafür,
dass ein Problem überhaupt die politische Ebene erreicht, sie sind
jedoch noch sehr neutral. Von politischen Problemen im eigentlichen
Sinne können wir erst dann sprechen, wenn:
1. schon die Formulierung des Problems Gegenstand politischer
   Auseinandersetzung ist[5] und wenn
2. das Problem zum Thema des politischen Entscheidungsprozesses
   gemacht wird.
Ein Problem wird zu einem politischen Problem, wenn es nach
einem Prozess politischer Auseinandersetzung für eine Vielzahl von
Gesellschaftsmitgliedern als unerträglich gilt, als politisch lösbar und
dringend lösungsbedürftig erscheint, und wenn es zum Gegenstand
des politischen Entscheidungsprozesses gemacht wird, dessen Folgen
ungewiss sind.

Bei der Anwendung des Politikzyklus als methodisches Analyse-
instrument ist es daher sinnvoll, die Kategorie Problem erst dann zu
erfassen, wenn sie, in dem oben beschriebenen Sinne, in irgendeiner
Weise einen Ansatzpunkt zum politischen Handeln bietet. Erst die

Überzeugung, dass ein gesellschaftliches Problem politisch zu bewältigen ist und politisch bewältigt werden muss, lässt es zu einem Problem im Politikzyklus werden. Anders ausgedrückt: Hinter dem Problem stehen jeweils die politischen Forderungen von gesellschaftlichen Gruppen, die mit unterschiedlicher Definitionsmacht und Durchsetzungsmacht versehen sind. Die Kategorie Problem und die Kategorie Auseinandersetzung sind daher in einer doppelten Beziehung zueinander zu sehen, was die beiden Pfeile im Schaubild verdeutlichen sollen.

Vor dem theoretischen Hintergrund des Politikzyklus der Policy-Forschung ergibt sich – aus Gründen der Handhabbarkeit und der Verständlichkeit vereinfacht – folgendes Modell für die Einarbeitung in einen Themenbereich:[6]

## Politik als Prozess der Problemlösung

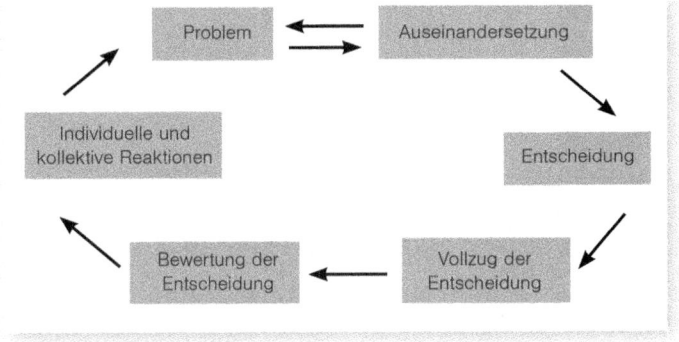

Die Grundstruktur des Modells enthält die Phasen:
Problem – Auseinandersetzung – Entscheidung – Vollzug der Entscheidung – Bewertung – Reaktionen – neues Problem.

Jeder dieser Phasen sind zentrale Schlüsselfragen zugeordnet, die sich im Einzelnen ausdifferenzieren und weiter konkretisieren lassen.

Das vorgeschlagene Analysemodell hat sich in dieser Form sehr stark dem Politikzyklus der Policy-Forschung angenähert. Der Preis für die Annäherung an den Stand der Fachwissenschaft ist eine erhöhte Kompliziertheit und Komplexität des Modells. Damit wird ein generelles

# Der Politikzyklus als Analyseinstrument

| Phasen | Schlüsselfragen/Kategorien |
| --- | --- |
| Problem | Worin besteht das Problem?<br>Welche Aufgabe hat die Politik zu lösen? |
| Auseinan-<br>dersetzung | Was wirkt auf die Auseinandersetzung ein?<br>– Welche internationalen Abkommen, Institutionen,<br>   Strukturen wirken auf die Auseinandersetzung ein?<br>– Welche globalen Entwicklungen und Konflikte<br>   beeinflussen die Auseinandersetzung?<br>– Welches sind die rechtlichen Rahmenbedingungen<br>   (Rechtslage)?<br>– Welche aktuellen und historischen Erfahrungen spielen<br>   eine Rolle?<br>– Was kennzeichnet die Situation?<br>– Welche Interessen haben die Akteure, welche<br>   Interessenkonflikte existieren?<br>– Wie sind die Machtverhältnisse, und was beeinflusst sie?<br>– Welche Wertvorstellungen und Ideologien beeinflussen<br>   die Auseinandersetzung?<br>– Welche Ziele verfolgen die Akteure?<br>– Welche Lösungsentwürfe werden diskutiert?<br>– ...<br><br>Wie verläuft die Auseinandersetzung?<br>– Wer ist beteiligt?<br>– Wer sind die Akteure?<br>– Welche Strategien zur Durchsetzung der verschiedenen<br>   Interessen und Positionen wurden entwickelt?<br>– Welche Taktiken wurden angewandt?<br>– Welche Aktionen haben die Auseinandersetzung<br>   beeinflusst?<br>– Wann und worüber kam es zum Konflikt?<br>– Wann und worüber kam es zu Verhandlungen?<br>– Wann und worüber wurden Kompromisse erzielt?<br>– In welchen Etappen verlief die Auseinandersetzung?<br>– Welche Wendepunkte lassen sich erkennen?<br>– ... |
| Entschei-<br>dung | Zu welchen Ergebnissen hat die Auseinandersetzung/der<br>Willensbildungs- und Entscheidungsprozess geführt?<br>– Was sind die inhaltlichen Hauptbestandteile der<br>   Entscheidung?<br>– Hat sich eine Position durchgesetzt?<br>– Ist ein Kompromiss zwischen verschiedenen Positionen<br>   erkennbar? |

| | |
|---|---|
| | – Welche Interessen, Ziele, Wertvorstellungen sind<br>  – stärker berücksichtigt?<br>  – weniger berücksichtigt?<br>  – unberücksichtigt geblieben?<br>– Welche Problemsicht spiegelt sich in der Entscheidung<br>  wider?<br>– ... |
| **Vollzug der Entschei-dung** | Wie wurde oder wird die Entscheidung umgesetzt?<br>– Welche Akteure und Institutionen sind an der Durch-<br>  führung beteiligt?<br>– Welche Hindernisse und Schwierigkeiten gibt es bei der<br>  Umsetzung der Entscheidung?<br>– Welche Konflikte treten bei der Umsetzung auf?<br>– Entspricht die Umsetzung den Intentionen der für die<br>  Entscheidung Verantwortlichen?<br>– ... |
| **Bewertung der Entschei-dung** | Wie wird die Entscheidung bewertet, und wovon ist die<br>Bewertung abhängig?<br>– Welche Individuen, Institutionen, gesellschaftliche<br>  Gruppierungen (national und international) bewerten die<br>  Entscheidung negativ, welche bewerten sie positiv?<br>– Welche individuellen und kollektiven Erfahrungen gehen<br>  in die Bewertung ein?<br>– Von welchen Interessen wird die Entscheidung geprägt?<br>– Welche Wertvorstellungen und Ideologien beeinflussen<br>  die Entscheidung? |
| **Reaktionen** | Welche kollektiven und individuellen Reaktionen lassen sich<br>erkennen und zu welchen neuen Problemen können sie<br>führen?<br>– Welche individuellen Reaktionen auf die Entscheidung<br>  lassen sich erkennen?<br><br>Beispiele für individuelle Reaktionen: Wahlentscheidungen,<br>Schwarzarbeit, Abwanderung, Zurückhaltung bei Investiti-<br>onen, illegale Handlungen, ...<br>– Welche kollektiven Reaktionen auf die Entscheidung<br>  lassen sich feststellen?<br><br>Beispiele für kollektive Reaktionen: Streiks, Demonstrationen,<br>Partei-gründungen, Initiativen von Parteien, Parlamentsfrak-<br>tionen, Regierungen, Länderorganen, Kommunen, Bünde-<br>lung individueller Reaktionen durch Verbände, Umsetzung<br>individueller Reaktionen in institutionelle Reaktionen<br>(Verfassungsbeschwerde – Entscheidungen des Bundesver-<br>fassungsgerichts), Reaktionen anderer Länder, internationaler<br>Organisationen,<br>– ...<br>– Welche neuen Probleme können sich aus der<br>  Entscheidung und ihrer Bewertung ergeben? |

Dilemma deutlich: Je stärker man sich an den Fachwissenschaften orientiert, umso komplexer, theoretischer und abstrakter werden die Ergebnisse und umso schwieriger ist es, sich daraus Hilfen für die Praxis zu erschließen. Je stärker man sich an der Praxis orientiert, vor allem an den unmittelbaren Bedürfnissen der Schule, umso größer ist die Gefahr, dass man durch zu starke Vereinfachung hinter dem Stand der wissenschaftlichen Diskussion zurückbleibt. Mit dem vorgeschlagenen Modell wird ein Mittelweg versucht. Es stellt einen fachwissenschaftlichen Zugang für die strukturierte Einarbeitung in politische Problembereiche dar (sowohl auf der lokalen, der nationalen als auch der internationalen Ebene; die Schlüsselfragen sind je nach der Ebene entsprechend zu ergänzen).

Im Mittelpunkt steht dabei der Prozesscharakter von Politik. Darüber hinaus soll der irreführende Eindruck vermieden werden, die einzelnen Phasen seien separierte Bereiche des Politischen. Dagegen soll die Interdependenz der einzelnen Kategorien bzw. das Spannungsverhältnis, das sich in ihnen ausdrückt und das demokratische Politik kennzeichnet, herausgearbeitet werden.

Auch wenn vielfältige Erfahrungen mit den beiden Analyseinstrumenten zeigen, dass eine solche Form der Einarbeitung gerade unter den typischen Praxisbedingungen wie Zeitknappheit, begrenzte Verfügbarkeit von politikwissenschaftlicher Literatur usw. möglich ist, kann man nicht erwarten, dass Lehrerinnen und Lehrer bei der Vorbereitung von politischem Unterricht immer so vorgehen. Andererseits hat sich gezeigt, dass sich bei mehrmaliger Anwendung beider Modelle eine bestimmte Denkweise (kognitive Struktur) herausbildet, ein bestimmter Zugang einstellt, der dann als methodische Fähigkeit zur Verfügung steht. Sie ermöglicht es, sich politische Probleme und Entscheidungsprozesse auch in Kurzform zu erschließen.

Die Dimensionen des Politischen und der Politikzyklus sind vor allem politikwissenschaftliche Hilfen für eine strukturierte Einarbeitung in einen politischen Problembereich. Bei dem Versuch, die in den jeweiligen Modellen vorgeschlagenen analytischen Schlüsselfragen an Hand eines konkreten politischen Problems zu beantworten, werden Lehrer und Lehrerinnen schnell feststellen, dass sie dazu nicht nur politikwissenschaftliche Kenntnisse benötigen, sondern auch Ergebnisse anderer Sozialwissenschaften berücksichtigen müssen. Nun wäre es eine völlige Überforderung, von denjenigen, die ein Fach der politischen Bildung unterrichten, zu erwarten, in allen denkbaren sozialwissenschaftlichen Bezugsdisziplinen – Psychologie, Rechtswissenschaft, Ökonomie, Soziologie (vielleicht zusätzlich auch noch in den Naturwissenschaften, zum Beispiel bei der Frage, wie hoch das Sicherheitsrisiko eines Atomkraftwerks ist) – kompetent zu sein. Es ist sicherlich richtig, dass die verschiedenen Wissenschaftsdisziplinen höchst unterschiedliche Zugänge und Betrachtungsperspektiven zu einem politischen Themenbereich eröffnen. Die Frage muss jedoch lauten: Was ist sinnvollerweise zumutbar, und was ist realistisch zu erwarten an Kompetenzen in den jeweiligen Bezugswissenschaften? Je nach Ausbildung werden hier die Fähigkeiten unterschiedlich sein, und dies wird auch den Politikunterricht prägen.

Für einen Unterricht, in dessen Zentrum Politik stehen soll und dessen Lernziele sich auf politische Analyse-, Urteils- und Handlungskompetenz richten, ist die politikwissenschaftliche Kompetenz der Lehrerinnen und Lehrer unerlässlich. Dies bedeutet nicht den Verzicht darauf, die anderen Bezugswissenschaften nach ihrem spezifischen Beitrag zur Formulierung, Analyse, Bearbeitung sowie Lösung eines Problems zu befragen. Lehrer und Lehrerinnen können dies aber letztlich nicht aus der Sicht des professionellen Juristen, Psychologen, Ökonomen oder Soziologen tun, sondern in der Regel nur aus der Perspektive des politikwissenschaftlich Ausgebildeten. Die beiden Analysemodelle mit ihren Kategorien können ihnen dabei helfen, inhaltliche Bezüge zu anderen Wissenschaften zu erkennen, die notwendigen Fragen zu stellen und ihnen eine Richtung zu geben, die es ihnen ermöglicht, das Politische in seinen vielfachen Wirklichkeitsdimensionen zu erschließen.

## Anmerkungen

1 Gotthard Breit, Hinweise zur Einarbeitung in den Sach- oder Themenbereich, in: Wochenschau – Methodik, 3/1990, S. 1.
2 Adrienne Windhoff-Héritier, Policy-Analyse. Eine Einführung, Frankfurt/M./ New York 1987, S. 85.
3 Ebenda.
4 Vgl. Walter Gagel, Einführung in die Didaktik des politischen Unterrichts, Opladen 1983, S. 53 ff.
5 Vgl. Wolf-Dieter Narr, Logik der Politikwissenschaft – eine propädeutische Skizze, in: Gisela Kress/Dieter Senghaas (Hrsg.), Politik. Eine Einführung in ihre Probleme, Frankfurt/M. 1972, S. 24.
6 Zum Politikzyklus vgl. ausführlich: Peter Massing/Werner Skuhr, Die Sachanalyse – Schlüssel zur Planung für den Politikunterricht, in: Gegenwartskunde, 2/1993.

## Neuere Literatur

Peter Massing (1995): Wege zum Politischen. In: Peter Massing/Georg Weißeno (Hrsg.): Politik als Kern der politischen Bildung. Wege zur Überwindung unpolitischen Politikunterrichts, Opladen, S. 61-98.

Peter Massing (1999): Wege zu einem kategorialen und handlungsorientierten Politikunterricht. In: Hans-Werner Kuhn/Peter Massing (Hrsg.): Politikunterricht kategorial + handlungsorientiert, Schwalbach/Ts., S. 5-38.

Georg Weißeno (2005): Politische Handlungsfähigkeit – zur Bedeutung eines Kompetenzbereichs. In: Peter Massing/Klaus-Bernhard Roy (Hrsg.): Politik – Politische Bildung – Demokratie, Schwalbach/Ts., S. 190-199.

Dagmar Richter (2007): Wissen. In: Georg Weißeno u.a. (Hrsg.): Wörterbuch Politische Bildung, Schwalbach/Ts., S. 424-430.

Dagmar Richter (2008): Kompetenzdimension Fachwissen. In: Georg Weißeno (Hrsg.): Politikkompetenz. Was Unterricht zu leisten hat, Wiesbaden, S. 152-168.

Georg Weißeno (Hrsg.) (2008): Politikkompetenz. Was Unterricht zu leisten hat, Wiesbaden.

Sabine Manzel (2008): Wissensvermittlung und Problemorientierung im Politikunterricht, Schwalbach/Ts.

Georg Weißeno/Joachim Detjen/Ingo Juchler/Peter Massing/Dagmar Richter (2010): Konzepte der Politik. Ein Kompetenzmodell, Schwalbach/Ts.

# Kapitel 3

# Wie wird das Politische zum Inhalt des Unterrichts?

Die ersten beiden Fragen dienten der fachlichen Einarbeitung in einen politischen Sach- oder Problembereich, der im Unterricht behandelt werden soll, und damit der Vorbereitung des Politikunterrichts. Dabei wurden Ergebnisse der Fachwissenschaft, insbesondere der Politikwissenschaft, genutzt. Haben Lehrer und Lehrerinnen mit Hilfe der vorgeschlagenen methodischen Zugänge eine eigene Sach- und Problemstruktur gewonnen, ist damit weder eine Entscheidung darüber getroffen, welche Intention sie ihrem Unterricht zugrunde legen, noch haben sie festgelegt, welche Ausschnitte aus dem umfangreichen Sach- oder Problembereich zum Inhalt ihres Unterrichts werden. Diese Entscheidungen treffen sie erst dann, wenn es im engeren Sinne um die Planung von Politikunterricht geht. Dabei sind Lehrer und Lehrerinnen vor allem auf die Hilfe der Fachdidaktik angewiesen.

## Planung als zirkulärer Prozess

Bei der schriftlichen Formulierung und Erläuterung der fachdidaktischen Entscheidungen, die bei der Planung von Politikunterricht zu treffen sind, ist es aus praktischen Gründen notwendig, sie in eine bestimmte Abfolge zu bringen. Daraus darf jedoch nicht der Schluss gezogen werden, Unterrichtsplanung sei ein linearer Prozess mit einer festgelegten Reihenfolge. Dies wäre ein Missverständnis. Unterrichtsplanung ist vielmehr ein zirkulärer Denkprozess.[1]

Das bedeutet zum einen, dass der Einstieg in den Planungsprozess nicht festgelegt ist. Am Beginn der Planung kann eine inhaltliche Entscheidung stehen (Lehrer und Lehrerinnen wollen im Unterricht einen bestimmten Sachbereich aus dem Lehrplan bearbeiten, auf einen Schülerwunsch eingehen oder ein aktuelles und bedeutsames politisches Problem behandeln). Die Unterrichtsplanung kann aber ebenso gut mit einer Entscheidung über die Medien (zum Beispiel eine provozierende Karikatur, ein motivierendes Video) oder über die Methoden (zum Beispiel ein interessantes Planspiel) beginnen. Mit welcher Entscheidung der Einstieg in die Unterrichtsplanung erfolgt, ist weitgehend beliebig, und für die Reihenfolge der einzelnen Planungsschritte gibt es keine zwingende Systematik. Unabdingbar ist jedoch, dass im Verlauf des Planungsprozesses alle fachdidaktischen Aufgaben reflektiert und Entscheidungen dazu getroffen werden.

Zirkulärer Prozess bedeutet zum anderen, dass alle Planungsentscheidungen in einer engen Beziehung zueinander stehen und sich gegenseitig bedingen.[2] Daher ist es immer notwendig, bei jeder Entscheidung neu zu überprüfen, ob sie andere, schon getroffene Entscheidungen beeinflusst, ob diese korrigiert werden müssen oder ob sie beibehalten werden können. Erst wenn alle Planungsschritte aufeinander abgestimmt sind und alle Planungsentscheidungen zueinander passen, lässt sich begründet von einer Unterrichtseinheit sprechen.

## Die didaktische Perspektive

Folgt man der hier vorgeschlagenen Reihenfolge der einzelnen Fragen, haben Lehrer und Lehrerinnen, bevor sie sich den fachdidaktischen Aufgaben der Unterrichtsplanung zuwenden, schon eine wichtige Vorarbeit geleistet. Sie haben sich den politischen Sach- oder Problembereich, den sie im Unterricht behandeln wollen, fachlich erarbeitet. Als ein Ergebnis dieser Erarbeitung wird man feststellen, dass politische Sachverhalte in der Regel so umfangreich, komplex und aspektreich sind und so viele Faktoren enthalten, dass sie in der zur Verfügung stehenden Unterrichtszeit so gut wie nie vollständig behandelt werden können. Dennoch neigen Lehrer und Lehrerinnen häufig dazu, diese Vollständigkeit zumindest anzustreben und ihren Politikunterricht enzyklopädisch anzulegen. Dahinter verbirgt sich die Einstellung, alles sei wichtig und man könne letztlich nichts weglassen. So verständlich diese Haltung auch sein mag, in der Praxis führt sie in der Regel zu einer unstrukturierten Stoffaddition. Lehrende und Lernende bleiben irgendwann in der Fülle des Stoffes stecken und das Politische geht darin weitgehend verloren. Politikunterricht entwickelt sich zum Merksatz-unterricht, der das Kurzzeitgedächtnis der Schülerinnen und Schüler trainiert, aber keine politischen Lernprozesse in Gang setzt. Die politischen Lerneffekte eines solchen Unterrichts werden nur minimal sein.

Das Politische wird nur dann auch zum Inhalt des Unterrichts werden, wenn es gelingt, einen entsprechenden Schwerpunkt zu bilden, einen Akzent zu setzen, der in die Fülle der Fakten, Informationen und Aspekte eine Schneise schlägt und so die prägenden Elemente des Politischen freilegt.

Eine reflektierte und bewusste Akzentsetzung treffen Lehrer und Lehrerinnen, indem sie eine didaktische Perspektive entwickeln. Die didaktische Perspektive enthält die pädagogische Intention, die dem Unterricht zugrunde liegt, die Ziele, die mit der zu planenden Unter-richtseinheit realisiert werden sollen. Allerdings sind die Ziele, die Intentionen im Politikunterricht immer an Inhalte gebunden. Ziele und Intentionen, die nicht auch inhaltlich bestimmt sind, bleiben leer oder beliebig. Umgekehrt existieren im Politikunterricht keine Inhalte ohne Ziele. Wenn Lehrer und Lehrerinnen sich entschieden haben, einen bestimmten Inhalt im Politikunterricht zu behandeln, tun sie dies immer mit einem Ziel, einer bestimmten Intention, auch wenn ihnen dies nicht immer bewusst ist. Manche Fachdidaktiker sprechen daher auch für den Politikunterricht von „intentionalen Inhalten" oder „inhaltlichen Intentionen". Sie wollen damit den unauflösbaren Zusammenhang von Inhalten und Zielen im politischen Unterricht deutlich machen. Der Begriff der didaktischen Perspektive meint letztlich das Gleiche.[3] Die didaktische Perspektive im Politikunterricht ist nichts anderes als die bewusste Verknüpfung von Inhalt und Ziel.

Bei der Entwicklung einer didaktischen Perspektive machen Lehrer und Lehrerinnen sich nicht nur bewusst, was sie mit der zu planenden Unterrichtseinheit im Hinblick auf ihre Schülerinnen und Schüler pädagogisch erreichen möchten, sie legen damit auch gleichzeitig fest, welche Ausschnitte aus dem umfangreichen Sach- und Problembereich, den sie sich erarbeitet haben, zum Inhalt ihres Unterrichts werden sollen, was im Zentrum des Unterrichts steht und was nicht behandelt werden muss.

Um es an einem Beispiel zu erläutern: Der politische Sach- und Problembereich, zu dem eine Unterrichtseinheit entwickelt werden soll, heißt: „Streik und Aussperrung". Er lässt sich mit einem raschen Blick in die Lehrpläne rechtfertigen. Die Einarbeitung in das Thema ergibt in Kurzform folgende wichtigen Aspekte:

Rechtliche Grundlagen der Tarifautonomie: Bundesverfassungs- gerichtsentscheidungen zu Streik und Aussperrung – Arbeitsrecht als Richterrecht – Argumente, Positionen und Interessen der Gewerk- schaften und Arbeitgeberverbände im Zusammenhang mit Streik, Aussperrung und Verbot der Aussperrung – Historische Entwicklung von Streik und Aussperrung – Veränderung der Arbeitskampfmetho- den und der Techniken im Arbeitskampf – Machtpositionen und Durchsetzungschancen von Unternehmern, Arbeitgeberverbänden und Gewerkschaften: generelle Beurteilung möglich oder Differen- zierung nötig? – Aktuelle Auseinandersetzungen in Ländern mit Tarifautonomie und marktwirtschaftlichem System – Bedeutung von Demokratie- und Pluralismustheorien für das Verhältnis der Tarifvertragsparteien – ...

Schon diese nur stichwortartig angedeutete Skizze einer Erarbeitung macht deutlich, dass nicht alle Aspekte in einer zweistündigen Unter- richtseinheit behandelt werden können. Lehrerinnen und Lehrer sind also gezwungen auszuwählen und zu entscheiden, welche der vielen möglichen Aspekte und Ausschnitte des Sach- oder Problembereichs sie mit welcher Intention ins Zentrum ihres Unterrichts stellen. Sie entwickeln eine didaktische Perspektive.

Eine mögliche Auswahlentscheidung, also didaktische Perspektive, für diesen Problembereich könnte dann lauten:

Ich möchte mit meiner Unterrichtseinheit erreichen, dass den Schülerinnen und Schülern wesentliche Argumente und Positionen in der Auseinandersetzung um das Verbot der Aussperrung deutlich werden, um damit die Basis für eine begründete Urteilsbildung zu schaffen.

Die didaktische Perspektive zielt hier in ihrer Intention, das heißt als pädagogische Zielsetzung, auf Kenntnisse sowie auf Fähigkeiten zur Analyse und zur begründeten Urteilsbildung, inhaltlich setzt sie dazu den Akzent auf den Bereich der politischen Auseinandersetzung, der unterschiedlichen Argumente, Positionen und Interessen der am Konflikt beteiligten Gruppierungen. Sie entscheidet damit darüber, was aus der fachlich möglichen Stofffülle im Unterricht behandelt werden muss und was bei dieser Intention wegfallen kann.

Nun könnte leicht der Eindruck entstehen, alle Inhalte des Politischen und alle denkbaren Intentionen eigneten sich in gleicher Weise zur Entwicklung einer didaktischen Perspektive für den Politikunterricht. Ihre Auswahl sei relativ beliebig und hinge weitgehend von der individuellen Entscheidung der Lehrerin oder des Lehrers ab. Dies ist jedoch nicht so. Zwar entscheiden in erster Linie die Lehrer und Lehrerinnen über „ihre" didaktische Perspektive, diese muss jedoch begründet und begründbar sein. Dabei fließen sachliche Aspekte der Fachwissenschaft und Zielaspekte der Fachdidaktik zusammen.

Die didaktische Perspektive wird zuallererst von der Sache her entwickelt. Sie muss sich auf einen politisch zentralen Aspekt des Sach- und Problembereichs beziehen. Politische Kategorien zum Beispiel, wie sie in Planungsfragen 1 und 2 entwickelt worden sind, verweisen auf solche zentralen Aspekte. Daraus folgt auch, dass Lehrerinnen und Lehrer nur dann begründbare didaktische Perspektiven entwickeln können, wenn sie der Einarbeitung in die Sache (Sachanalyse)[4] ausreichend Aufmerksamkeit gewidmet haben. Lehrer/innen müssen die möglichen Aspekte eines Inhalts und seine kontroversen Deutungen in Wissenschaft und Politik kennen.[5] Sie müssen sich „einen Überblick über den Stand der wissenschaftlichen Forschung und der politischen Diskussion erarbeitet haben",[6] um ihn im Unterricht angemessen berücksichtigen zu können. Die Sachanalyse hat nämlich die Funktion, politisch wesentliche Aspekte aus einem Sachbereich herauszuarbeiten und auf diesem Weg schon vom Inhalt her alternative didaktische Perspektiven zu ermöglichen.

Entsprechend dem Doppelcharakter didaktischer Perspektiven müssen diese aber nicht nur fachwissenschaftlich vertretbar sein, sie sollen auch dazu beitragen, die allgemeinen Ziele des Politikunterrichts zu verwirklichen. Nun sind die Ziele, die der Politikunterricht im Einzelnen erreichen soll, nicht nur in der fachdidaktischen Diskussion umstritten, auch die jeweiligen Lehrer und Lehrerinnen werden eigene Vorstellungen zu den Zielen ihres Politikunterrichts entwickelt haben. Dennoch besteht in Theorie und Praxis weitgehend Einigkeit darüber, dass es zumindest ein grundlegendes Ziel des Politikunterrichts ist, Verständnis für Politik zu wecken und Einsichten in politische Zusammenhänge zu ermöglichen. Auf dieser Grundlage können dann weitergehende und anspruchsvollere Ziele angestrebt werden wie „Erkenntnis des Zusammenhangs zwischen politischem Geschehen und eigenen Lebenslagen und Interessen, ‚Wertungssicherheit' als Voraussetzung und Grundlage politischer Urteilskraft, Bereitschaft zu politischem Engagement".[7] Wenn sich Politikunterricht an diesen Zielen orientiert, dann kann erwartet werden, dass er dazu beiträgt, bei Schülerinnen und Schülern demokratisches Bewusstsein zu entwickeln und zu festigen und damit Einstellungen und Verhaltensweisen zu fördern, auf die wir bei der humanen und demokratischen Gestaltung unserer gesellschaftlichen Gegenwart und Zukunft angewiesen sind.

Zusammenfassend wären dann wesentliche Ziele des Politikunterrichts:

– Interesse an Politik zu wecken,
– Schülerinnen und Schüler mit einem Minimum an Instrumenten und Fähigkeiten zur selbstständigen Analyse und Beurteilung politischer Sachverhalte auszustatten,
– sie zu politischer Beteiligung zu ermutigen und
– sie zu veranlassen, sich mit den Werten zu identifizieren, die nach allen Erfahrungen unverzichtbare Grundlage menschenwürdigen Zusammenlebens sind.[8]

Diese doppelte Zielsetzung, politische Analyse- und Urteilsfähigkeit sowie Identifizierung mit den grundlegenden demokratischen Werten, ist kennzeichnend für die Aufgabe des Politikunterrichts unabhängig von individuellen, fachdidaktischen oder länderspezifisch unterschiedlichen Akzentuierungen. Bei der Entwicklung einer didaktischen Perspektive sind diese allgemeinen Ziele eine wesentliche Orientierung. Lehrer und Lehrerinnen sollten sich auch immer wieder fragen, inwieweit ihre jeweils konkrete didaktische Entscheidung vor dem Hintergrund der allgemeinen Ziele des Politikunterrichts zu rechtfertigen ist.

## Allgemeine didaktische Perspektiven

Es wurde zuvor schon darauf hingewiesen, dass sich nicht alle Inhalte in gleicher Weise zur Entwicklung einer didaktischen Perspektive für den Politikunterricht eignen, sondern nur solche, die einen politisch zentralen, das heißt relevanten Aspekt eines Sach- oder Problembereichs zum Ausdruck bringen. Der inhaltliche Kern der didaktischen Perspektive sollte sich auf prägende Elemente des Politischen beziehen.

Um nun entsprechende Inhalte zu finden, können Lehrer und Lehrerinnen wieder auf die Ergebnisse ihrer Sachanalyse zurückgreifen. Die beiden methodischen Zugänge, die dazu in Planungsfragen 1 und 2 vorgeschlagen wurden, helfen ihnen nicht nur, sich selbst einen Problembereich systematisch zu erschließen, sie führen auch zu einer kategorialen Struktur, zu einem Koordinatensystem, das wesentliche Inhalte für die Bildung grundlegender didaktischer Perspektiven nahelegt. Werden die allgemeinen Ziele des Politikunterrichts mit jeweils einer Dimension des Politischen oder mit einer zentralen Phase des Politikzyklus verknüpft, dann ergeben sich daraus mehrere grundlegende didaktische Perspektiven. Diese eignen sich für längere Unterrichtsreihen. Für kürzere Einheiten oder für einzelne Stunden müssen sie noch einmal konkretisiert und verdichtet werden. Aber auch dann ist ein Zwischenschritt über allgemeine didaktische Perspektiven erforderlich. Zum einen verhindern sie, dass Lehrer und Lehrerinnen den Gesamtzusammenhang des Politischen verlieren, wenn sie nur einen einzigen interessanten inhaltlichen Aspekt herausgreifen und ihn mit einer entsprechenden Intention verknüpfen, zum anderen helfen sie, den Gesamtzusammenhang erst herzustellen, wenn man im Unterricht vom Einzelnen ausgeht, zum Beispiel von einem Zeitungsartikel oder einem Fallbeispiel.

Die allgemeinen didaktischen Perspektiven bündeln und strukturieren den Sach- oder Problembereich, der in der Sachanalyse ausführlich erarbeitet worden ist, auf den Politikunterricht hin, den Einzelfall, das Konkrete helfen sie zu verallgemeinern. Sie bilden ein „Netz politischer Vorstellungen und Zuordnungsmöglichkeiten", vor dessen Hintergrund Lehrerinnen und Lehrer Einzelfälle und Konflikte, aber auch Diskussionsbeitrage und Vorstellungen der Schülerinnen und Schüler vorsichtig modifizieren, ergänzen und in allgemeine Strukturen der Politik einordnen können.

Die fachwissenschaftlichen Kategorien, die in Planungsfrage 2 als methodisches Instrumentarium den Lehrerinnen und Lehrern helfen sollten, einen strukturierten Überblick über das Politische zu gewinnen, können jetzt genutzt werden als Orientierung für die Entwicklung der didaktischen Perspektive und für die inhaltliche Strukturierung des Politikunterrichts selbst. Die didaktische Perspektive entscheidet darüber, welche dieser Kategorien im Zentrum des Unterrichts stehen und welche Kategorien – auch aus anderen Dimensionen oder Phasen des Politikzyklus – zu ihrer Realisierung mit herangezogen werden müssen und welche Kategorien vernachlässigt werden können.[9]

**Allgemeine didaktische Perspektiven nach den Dimensionen des Politischen**

– Polity-orientierte didaktische Perspektiven
Schülerinnen und Schüler sollen sich im Zusammenhang mit den jeweiligen politischen Problemen vor allem mit dem politischen Handlungsrahmen auseinandersetzen (das heißt analysieren, beurteilen, eine politische Handlungsorientierung gewinnen). Im Mittelpunkt des Unterrichts stehen dann Verfassung, Normen, Gesetze, Institutionen, Verfahrensregeln, Probleme der politischen Ordnung usw.
– Policy-orientierte didaktische Perspektiven
Schülerinnen und Schüler sollen sich vor allem mit inhaltlichen Handlungsprogrammen der Politik auseinandersetzen. Im Mittel-

punkt des Unterrichts stehen dann Aufgaben und Ziele, Probleme, Werte, politische Programme, Fragen der politischen Gestaltung usw.

– Politics-orientierte didaktische Perspektiven
   Schülerinnen und Schüler sollen sich vor allem mit dem politischen Willensbildungs- und Entscheidungsprozess auseinandersetzen. Im Mittelpunkt des Unterrichts stehen Interessen, Interessenvermittlung, Konflikte, Kampf um Macht- und Entscheidungsbefugnis usw.

## Allgemeine didaktische Perspektiven nach dem Politikzyklus

– Problemorientierte didaktische Perspektiven
   Schülerinnen und Schüler sollen sich in erster Linie mit dem Problem auseinandersetzen. Im Mittelpunkt des Unterrichts stehen die Ursachen und die Entwicklung des Problems, die Elemente des Problems, die Aufgaben der Politik, die sich daraus ergeben, angemessene Lösungsansätze usw.

– Konfliktorientierte didaktische Perspektiven
   Schülerinnen und Schüler setzen sich mit den Faktoren auseinander, die auf den politischen Willensbildungs- und Entscheidungsprozess einwirken, sie analysieren konfligierende Positionen und Lösungsansätze, den Verlauf, Etappen und Wendepunkte der Auseinandersetzung, Interessen, Machtverhältnisse, Strategien und Taktiken der Beteiligten usw.

– Entscheidungsorientierte didaktische Perspektiven
   Schülerinnen und Schüler setzen sich mit der Entscheidung selbst auseinander, arbeiten ihre wesentlichen Elemente heraus, analysieren den Vollzug der Entscheidung, ihre Bewertung und die daraus resultierenden individuellen und kollektiven Reaktionen, überprüfen, inwieweit die Entscheidung das Problem gelöst hat, erörtern mögliche neue Probleme, die sich aus der Entscheidung ergeben usw.

Wenn die Möglichkeit für eine längere Unterrichtsreihe besteht, können Lehrer und Lehrerinnen dazu natürlich auch eine didaktische Perspektive entwickeln, die sich auf den Politikzyklus als Ganzes bezieht. Prinzipiell bedeutet die Entscheidung, didaktische Perspektiven nach dem Modell des Politikzyklus zu bilden, auch dann, wenn nur einzelne Phasen im Mittelpunkt stehen, vor allem das Dynamische, Prozesshafte von Politik zu betonen, die häufig in der Vergangenheit beginnt, die Gegenwart prägt und in die Zukunft hineinreicht.

## Entscheidungshilfen für die Auswahl einer didaktischen Perspektive

Je nach dem fachwissenschaftlich-methodischen Instrumentarium, mit dem sich Lehrer und Lehrerinnen einen Sachbereich und seine kontroversen Deutungen in Politik und Wissenschaft erarbeiten, erschließt sich ihnen eine Vielzahl allgemeiner didaktischer Perspektiven, die fachwissenschaftlich begründet und begründbar sind.

Für welche dieser didaktischen Perspektiven sie sich jedoch letztendlich entscheiden, hängt noch von einer Reihe weiterer Faktoren ab.

### Betroffenheit und Bedeutsamkeit

Als Entscheidungshilfe bei der Auswahl der didaktischen Perspektive für den konkret zu planenden Politikunterricht sollten Lehrer und Lehrerinnen auch die fachdidaktischen Kategorien Betroffenheit und Bedeutsamkeit heranziehen.

Betroffenheit ist eine Kategorie, die das Individuum, das heißt im Politikunterricht die Schülerin und den Schüler betont. Die jeweils individuelle Betroffenheit kann verschiedene Quellen haben.

– Schüler und Schülerinnen sind betroffen, wenn politische und gesellschaftliche Ereignisse sie emotional stark erregen, auch wenn die Ereignisse sie selbst nicht unmittelbar betreffen. In der Regel sind Ereignisse mit diesen Auswirkungen Katastrophen und Kriege. So hat zum Beispiel der Tod amerikanischer Raumfahrerinnen und -fahrern bei der Explosion ihrer Raumfähre oder der Golfkrieg, vor allem in seinen ersten Tagen im Januar 1991, Schülerinnen und Schüler emotional berührt. Die daraus resultierende Betroffenheit lässt sich jedoch selten über längere Zeit aufrechterhalten.

– Betroffenheit kann auch daraus entstehen, dass politische Probleme oder Fragen den Neigungs- oder Interessenhorizont der Schülerinnen und Schüler berühren, die sie in ihrem täglichen Leben davon tangiert sind.

– Schließlich kann Betroffenheit aus Empathie entstehen. Schülerinnen und Schüler identifizieren sich mit anderen Personen und deren Situation, versuchen ihre Gedanken und Gefühle zu verstehen und nachzuvollziehen, und sie werden dadurch selbst emotional angerührt, eben betroffen (soziale Perspektivenübernahme).[10]

Sind Schülerinnen und Schüler in irgendeiner dieser Weisen betroffen, öffnen sie sich einer Sache oder Problemen eher, als wenn diese ihnen fremd sind und für ihre eigene Lebenssituation und -perspektive unbedeutend erscheinen. Bei der Kategorie Betroffenheit geht es aber nicht nur um diesen Motivationsgesichtspunkt, es geht auch um die allgemeinere Frage, wie der Abstand zwischen der Erfahrungswelt der Schülerinnen und Schüler und der „Welt der Politik" verringert werden kann, welche Möglichkeiten eröffnet werden können, „in der Mikrowelt die Makrowelt zu entdecken"[11]. Diese Überlegung zeigt aber nun die Notwendigkeit, die Frage nach der subjektiven Betroffenheit der Schüler und Schülerinnen umzukehren in die Frage nach der Bedeutung der Sache für unsere Gegenwart und absehbare Zukunft. Die Kategorie Bedeutsamkeit fragt nach dem Gewicht eines politischen Problems für soziale Gruppen, für die Gesellschaft als Ganzes oder für die Menschheit insgesamt. Politikunterricht hat dann die Aufgabe der Horizonterweiterung von der subjektiven Betroffenheit hin zur Frage ihrer Bedeutsamkeit für andere, für die Gesellschaft, für die Menschheit oder umgekehrt von der Bedeutsamkeit einer Sache, die den Schülerinnen und Schülern unter Umständen noch gar nicht bewusst ist, hin zu ihrer eigenen Betroffenheit, ihrer eigenen konkreten Lebenssituation.

Eine Voraussetzung dafür, dass dieser, zugegeben schwierige Bruckenschlag gelingt, ist, dass Lehrer und Lehrerinnen bei der Wahl zwischen alternativen didaktischen Perspektiven eben auch überprüfen, inwieweit sie den Kategorien Betroffenheit/Bedeutsamkeit entsprechen und ob sie eine Horizonterweiterung in die eine oder andere Richtung zulassen.

**Die Unterrichtssituation**

Ein weiterer Faktor, der die Wahl der didaktischen Perspektive beeinflusst, ist die Unterrichtssituation (vgl. ausführlicher dazu Planungsfragen 6 und 8). Das heißt, Lehrer und Lehrerinnen werden nicht nur versuchen, bei der Wahl der didaktischen Perspektive die Alltagserfahrungen ihrer Schüler und Schülerinnen zu berücksichtigen, sie werden auch überprüfen, ob andere Elemente, die die Klassensituation ausmachen, die didaktische Perspektive sinnvoll erscheinen lassen: Welche Voreinstellungen, Vorprägungen, Vorurteile der Schülerinnen und Schüler könnten etwa der Realisierung der didaktischen Perspektive entgegenstehen? So hätte es zum Beispiel wenig Sinn, bei der Behandlung des Asylproblems eine konfliktorientierte didaktische Perspektive zu formulieren, bei der die Schüler und Schülerinnen sich mit unterschiedlichen Positionen zur Änderung des Grundgesetzes Art. 16 auseinandersetzen sollen, um zu einem eigenen Urteil zu gelangen, wenn in einer Klasse starke Vorurteile gegen Asylbewerber und eine erhebliche Ausländerfeindlichkeit existieren. Unter Berücksichtigung dieser Klassensituation hätte die didaktische Perspektive eher auf die Bearbeitung von Vorurteilen, auf den Abbau von Ausländerfeindlichkeit, auf den gewaltfreien Umgang miteinander usw. (soziales Lernen, Lebenshilfe)[12] abzielen müssen.

In ähnlicher Weise sind bei der Entscheidung für eine didaktische Perspektive die Klassenstufe zu berücksichtigen, die Leistungsfähigkeit der Schüler und Schülerinnen, ihre Vorkenntnisse, die Intentionen des bisherigen Politikunterrichts usw.

**Sachanalyse und Beutelsbacher Konsens**

Bisher wurde die Sachanalyse im Wesentlichen unter dem Aspekt der fachlichen Einarbeitung in einen Problembereich behandelt. Nur wenn Lehrer und Lehrerinnen diese Aufgabe angemessen lösen, werden sie in der Lage sein, alternative didaktische Perspektiven zu entwickeln. Die Sachanalyse leistet aber noch mehr, sie ist das wichtigste Korrektiv gegen mögliche Einseitigkeiten im Unterricht, gegen die unbewusste „Vorwegbestimmtheit des Inhalts" (Gagel). Damit ist gemeint, dass

Lehrerinnen und Lehrer sich einem Sach- oder Problembereich nicht unvoreingenommen nähern; vielmehr verbinden sie damit immer schon bestimmte Voreinstellungen, Werte oder auch Vorurteile. Machen sie sich ihre Vorprägungen nicht bewusst, dann gehen diese unreflektiert in die Absichten, in die didaktische Perspektive ein, die sie mit ihrem Unterricht realisieren wollen. Dies wiederum hat zur Folge, dass der Unterricht – ebenfalls unreflektiert – einseitig wird. Er enthält eine „intentionale Schlagseite" (Wolfgang Schulz). Dieser Vorgang lässt sich an dem Beispiel „Streik und Aussperrung, Verbot der Aussperrung" verdeutlichen:

Lehrer/Lehrerin A: Er/Sie hat bei diesem Sachbereich die Assoziation bzw. die Voreinstellung: Die Aussperrung ist ein Anschlag auf das historisch erkämpfte Streikrecht der Arbeiterklasse. Entsprechend dieser Vorprägung entscheidet er/sie sich für folgende didaktische Perspektive:

Ich möchte mit meinem Unterricht erreichen, dass den Schülerinnen und Schülern die Gefahr der Übermacht der Unternehmer durch die Möglichkeit der Aussperrung bewusst wird.

Lehrer/Lehrerin B: Er/Sie hat die Voreinstellung: Ein Verbot der Aussperrung führt zu unkontrollierter Gewerkschaftsmacht. Die entsprechende didaktische Perspektive könnte dann lauten:

Ich möchte mit meinem Unterricht erreichen, dass den Schülerinnen und Schülern die Gefahr unkontrollierter Gewerkschaftsmacht bei einem Verbot der Aussperrung bewusst wird.

Vor dem Hintergrund der Sachanalyse dazu lassen sich diese beiden didaktischen Perspektiven nicht rechtfertigen, da in ihnen relevante Aspekte des Problembereichs vernachlässigt werden oder ganz fehlen. Die fachwissenschaftlich sorgfältige Einarbeitung in den Sachbereich ist also auch ein Mittel der Selbstkontrolle, das dem Lehrer dazu verhilft, die „Vorwegbestimmtheit des Inhalts" zu erkennen und Entscheidungen über die Intentionen seines Unterrichts zu überdenken.[13]

    Ein weiteres Korrektiv gegenüber solchen Einseitigkeiten bildet der Beutelsbacher Konsens:

Der Beutelsbacher Konsens stellt einen Minimalnenner dar, der heute bei Fachdidaktikern und Unterrichtspraktikern in der Bundesrepublik breite Anerkennung gefunden hat. Er enthält drei Grundsätze:

„1. Das Überwältigungsverbot. Es ist nicht erlaubt, den Schüler im Sinne erwünschter Meinungen zu überrumpeln und damit an der Gewinnung eines selbstständigen Urteils zu hindern.

2. Was in Wissenschaft und Politik kontrovers ist, muss auch im Unterricht kontrovers erscheinen.

3. Der Schüler muss in die Lage versetzt werden, eine politische Situation und seine eigene Interessenlage zu analysieren sowie nach Mitteln und Wegen zu suchen, die vorgefundene politische Lage im Sinne seiner Interessen zu beeinflussen."[14]

Nicht allein die Sachanalyse dient, wie schon ausgeführt, dazu, Einseitigkeiten zu verhindern, „didaktische Schlagseiten" zu korrigieren, auch der Beutelsbacher Konsens hat diese Korrektivfunktion bei der Wahl und bei der Formulierung der didaktischen Perspektive. Gerade die ersten beiden Grundsätze verbieten eine „geschlossene" und fordern eine „offene" didaktische Perspektive, die es schon von der Intention des Unterrichts her den Schülerinnen und Schülern ermöglicht, zu eigenständigen und unterschiedlichen Urteilen zu gelangen. In dem oben dargestellten Beispiel erfüllen beide didaktische Perspektiven diese Anforderungen nicht.

## Didaktische Perspektive und Thema

Haben sich Lehrerinnen und Lehrer nach eingehender Prüfung für eine didaktische Perspektive entschieden, dann wissen sie, was sie mit der zu planenden Unterrichtseinheit bei ihren Schülerinnen und Schülern erreichen wollen und welchen inhaltlichen Akzent sie gesetzt haben.

Die didaktische Perspektive ist allein für die Lehrerin oder den Lehrer gedacht. Schüler und Schülerinnen kommen mit der didaktischen Perspektive nicht direkt in Berührung, sondern sie erfahren sie nur indirekt über das Thema der Unterrichtseinheit, das ihnen zu Beginn des Unterrichts vorgestellt wird oder das sie sich im Einstieg erarbeiten. Lehrerinnen und Lehrer haben also nach der Entscheidung für die didaktische Perspektive die weitere Aufgabe, daraus für den Unterricht ein Thema zu entwickeln.

Das Thema ist eine Zuspitzung und eine schülergerechte Umformulierung der didaktischen Perspektive.

## Die Formulierung des Themas

Obgleich es sich bei der Umformulierung der didaktischen Perspektive in ein Thema überwiegend um eine logische und sprachliche Operation handelt, sind dabei doch eine Reihe von Anforderungen zu berücksichtigen. Die erste und wichtigste Anforderung, hinter der die anderen im Konfliktfall zurückstehen, ist, dass didaktische Perspektive und Thema übereinstimmen müssen. Fallen didaktische Perspektive und Thema auseinander, das heißt, ist die Intention der Lehrerin oder des Lehrers eine andere als die, die sich aus dem Thema für die Schülerinnen und Schüler erkennen lässt, gehen Lehrende und Lernende im Unterricht in verschiedene Richtungen. Es kommt zu erheblichen Kommunikationsproblemen und es entwickelt sich wahrscheinlich eine der berühmten Ratestunden, in denen Schülerinnen und Schüler erhebliche Mühe darauf verwenden müssen herauszufinden, worum es der Lehrerin oder dem Lehrer eigentlich geht.

Zweitens sollte das Thema problemorientiert und offen formuliert sein. Problemorientiert bedeutet, dass schon im Thema das Prinzip der Kontroversität deutlich wird.

„Struktur und Funktion des Bundesverfassungsgerichts" kann zwar als ein wichtiger Inhalt gelten, aber es ist kein Unterrichtsthema, da nicht problemorientiert formuliert. Der Unterricht wird wahrscheinlich zur reinen Institutionenkunde werden. Formuliert man das Thema problemorientiert, könnte es zum Beispiel heißen: „Entwickelt sich das Bundesverfassungsgericht immer mehr zum Ersatzgesetzgeber?" Auch bei dieser Fassung des Themas müsste man sich mit der Struktur und den Funktionen des Gerichts auseinandersetzen, also Kenntnisse vermitteln, aber nicht um ihrer selbst willen, sondern zielgerichtet, um eine für das politische System entscheidende Frage beantworten zu können.

Das Thema sollte, wie die didaktische Perspektive, offen formuliert sein. Das Thema macht den Schülerinnen und Schülern deutlich, dass sie zu einem eigenständigen Urteil kommen können und sollen. Dies lässt sich zum Beispiel dadurch erreichen, dass man das Thema als Frage formuliert (wie oben) oder als These und Gegenthese.

Drittens, das Thema sollte so formuliert sein, dass die Schülerinnen und Schüler darin schon in etwa die wahrscheinliche Inhaltsstruktur des Unterrichts erkennen und in der Oberstufe schon darüber nachdenken können, welche inhaltlichen Schritte und welches methodische Vorgehen erforderlich sein werden, um das Thema zu bearbeiten.

Schließlich hat das Thema auch eine Motivationsfunktion. Es sollte so formuliert sein, dass dadurch das Interesse der Schülerinnen und Schüler geweckt wird, dass sie unter Umständen provoziert werden und schon das Thema sie für den Inhalt „aufschließt". Lehrerinnen und Lehrer entwickeln gerade bei der Realisierung dieses Aspekts in der Regel ein hohes Maß an Kreativität, wahrscheinlich weil sie von ihrem Rollenverständnis her der Frage der Motivation eine besondere Bedeutung zuschreiben. Dennoch dürfen der „aufschließenden" Funktion des Themas die anderen Anforderungen nicht geopfert werden, vor allem nicht die Übereinstimmung, die logische Stringenz zwischen didaktischer Perspektive und Thema.

Bei der Planung von Politikunterricht hat es sich bewährt, wenn Lehrerinnen und Lehrer zu einem Sach- oder Problembereich mehrere didaktische Perspektiven entwickeln und unterschiedliche Themenmöglichkeiten zumindest einmal andenken. Dies mag auf den ersten Blick überflüssig erscheinen, schließlich kann nur ein Thema unterrichtet werden. Erfahrungsgemäß lohnt sich aber die Mühe. Stellt der Unterrichtende im Unterrichtsverlauf fest, dass die Lernenden sich in eine andere Richtung als er selbst bewegen, dass die Schüler und Schülerinnen sich von eigenen Perspektiven leiten lassen, so kann er darauf flexibler reagieren und die sich herausbildende Schülerorientierung einer bereits gedanklich entwickelten Themenmöglichkeit zuordnen.

## Beispiele nach den Dimensionen des Politischen

*Sach- und Problembereich:* Arbeitslosigkeit
*Sachanalyse:* ...
Policy-orientierte didaktische Perspektive:
Schülerinnen und Schüler sollen die Ursachen von Arbeitslosigkeit analysieren, die Auswirkungen auf die Betroffenen kennenlernen sowie ihre ökonomischen, sozialen und politischen Folgen überprüfen.
*Thema:* Keine Arbeit – keine Zukunft?

*Sach- und Problembereich:* Arbeitslosigkeit
*Sachanalyse:* ...
Polity-orientierte didaktische Perspektive:
Schülerinnen und Schüler sollen die rechtlichen Grundlagen des Sozialstaates kennen, sich die wesentlichen Elemente des Systems der sozialen Sicherung erarbeiten und überprüfen, welche Bedeutung sie für Arbeitslose besitzen.
*Thema:* Fällt der Arbeitslose in eine soziale Hängematte?

*Sach- und Problembereich:* Wahlen
*Sachanalyse:* ...
Politics-orientierte didaktische Perspektive:
Die Schülerinnen und Schüler sollen prüfen, wie wirksam die Beteiligung an Wahlen im politischen Willensbildungsprozess ist.
*Thema:* Lohnt es sich zu wählen?

## Beispiele nach dem Politikzyklus

*Sach- und Problembereich:* Streik und Aussperrung
*Sachanalyse:* ...
Konfliktorientierte didaktische Perspektive:
Schülerinnen und Schüler sollen sich wesentliche Argumente und Positionen in der Auseinandersetzung um das Verbot der Aussperrung verdeutlichen und so die Basis für eine begründete Urteilsbildung schaffen.
*Thema:* Streik und Aussperrung – gleiche Waffen im Arbeitskampf?

*Sach- und Problembereich:* Pflegeversicherung
*Sachanalyse:* ...
Konfliktorientierte didaktische Perspektive:

Schülerinnen und Schüler sollen den Verlauf der Auseinandersetzung um die Einführung der Pflegeversicherung untersuchen, Machtverhältnisse sowie Interessen, Strategien und Taktiken der Konfliktparteien analysieren, überprüfen und begründen, ob ein Lösungsvorschlag Chancen hat, sich durchzusetzen.

*Thema:* Der Kampf um die Pflegeversicherung – versagt die Politik?

*Sach- und Problembereich:* Asyl

*Sachanalyse:* ...

Entscheidungsorientierte didaktische Perspektive:

Schülerinnen und Schüler sollen sich die wesentlichen Elemente des neuen Art. 16a GG erarbeiten, seine Folgen erörtern und überprüfen, welche neuen Probleme entstehen könnten.

*Thema:* Art. 16a GG – Festung Deutschland?

## Anmerkungen

1  Vgl. Walter Gagel, Unterrichtsplanung – das Bindeglied zwischen Theorie und Praxis, in: Gotthard Breit/Peter Massing (Hrsg.), Grundfragen und Praxisprobleme der politischen Bildung (Schriftenreihe der Bundeszentrale für politische Bildung, Bd. 305), Bonn 1992, S. 439 f.

2  Gagel spricht in diesem Zusammenhang von Implikationszusammenhang (vgl. Anm. 1).

3  Vgl. Klaus Rothe, Didaktik der politischen Bildung, Hannover 1981, S. 85 ff.

4  In der Fachdidaktik findet sich ein unterschiedliches Verständnis von Sachanalyse. Im Folgenden wird der Begriff „Sachanalyse" und „Einarbeitung in einen Sach- oder Problembereich" identisch benutzt. Vgl. dazu: Peter Massing/Werner Skuhr, Die Sachanalyse – Schlüssel zur Planung für den Politikunterricht, in: Gegenwartskunde, 2/1993, S. 252 f.

5  Walter Gagel (Anm. 1), S. 434 f.

6  Gotthard Breit, Hinweise zur Einarbeitung in den Sach- oder Themenbereich, in: Wochenschau – Methodik, 3/1990, S. 1.

7  Vgl. Peter Massing/Werner Skuhr (Anm. 4), S. 244.

8  Dieter Grosser, Werteerziehung in der politischen Bildung, in: Kurt Gerhard Fischer (Hrsg.), Zum aktuellen Stand von Theorie und Didaktik der politischen Bildung, Stuttgart ⁵1986, S. 99. Wolfgang Hilligen nennt drei Optionen: „Für Wahrung personaler Grundrechte; für Überwindung sozialer Ungleichheiten; für die Möglichkeit von Alternativen", Wolfgang Hilligen, Zur Didaktik des politischen Unterrichts, in: Gotthard Breit/Peter Massing (Anm. 1), S. 288. Bernhard Sutor fasst das Ziel politischer Bildung in die knappe und prägnante Formulierung: „Politische Rationalität in sozialer Solidarität", Bernhard Sutor, Politische Bildung als Praxis, Schwalbach/Ts. 1992, S. 30.

9  Die analytische Trennung bei der Entwicklung didaktischer Perspektiven nach den Dimensionen des Politischen bzw. nach den Phasen des Politikzyklus darf im Unterricht nicht fortgesetzt werden. Auch bei unterschiedlicher Schwerpunktsetzung sollte Politik immer zusammenhängend-integrativ behandelt werden.

10  Vgl. Gotthard Breit, Wochenschau – Methodik, 1/1991.

11  Walter Gagel, Einführung in die Didaktik des politischen Unterrichts, Opladen 1983, S. 62.

12  Prinzipiell lassen sich didaktische Perspektiven auch auf der Ebene „Lebenshilfe" (Ich möchte mit meinem Unterricht erreichen, dass Schülerinnen und Schüler sich in besonderen Situationen unserer Gesellschaft besser zurechtfinden, z.B. in einer Bewerbungssituation) oder auf der Ebene „soziales Lernen" (Ich möchte mit meinem Unterricht erreichen, dass Schülerinnen und Schüler ihre Voreinstellungen überprüfen, Vorurteile bewusst machen und abbauen, Toleranz einüben, gewaltfrei miteinander umgehen usw.) entwickeln. Lebenskundliche Intentionen oder Intentionen des sozialen Lernens sind ein wichtiger Teil der politischen Bildung, sind aber nicht das Spezifikum des Politikunterrichts, sondern können auch von anderen Fächern (Deutsch, Religion usw.) angestrebt werden. Vgl. Gotthard Breit, Kurzvorbereitung im Schulalltag, in: Wochenschau – Methodik, 6/1992, S. 2.

13  Vgl. Walter Gagel (Anm. 11) S. 224 ff.

14  Hans Georg Wehling, Konsens à la Beutelsbach, in: Gotthard Breit/Peter Massing (Anm. 1), S. 126.

## Neuere Literatur

Gotthard Breit/Georg Weißeno (2003): Planung des Politikunterrichts. Eine Einführung, Schwalbach/Ts.

Projektgruppe Berlin (Hrsg.) (2004): Beispiel Wahlen. Planung und Methoden des Politikunterrichts in der Praxis, Schwalbach/Ts.

Siegfried Schiele (2004): Politische Mündigkeit. Zehn Gespräche zur Didaktik der politischen Bildung, Schwalbach/Ts.

GPJE (Hrsg.) (2004): Politische Bildung zwischen individualisiertem Lernen und Bildungsstandards, Schwalbach/Ts.

GPJE (2004): Nationale Bildungsstandards für den Fachunterricht in der politischen Bildung an Schulen. Ein Entwurf, Schwalbach/Ts.

Gotthard Breit/Peter Massing (2006): Einführung. In: Dies. (Hrsg.): Politikunterricht geplant. Kommentierte Unterrichtseinheiten für die Praxis, Schwalbach/Ts.

Joachim Detjen (2007): Ziele. In: Georg Weißeno u.a. (Hrsg.): Wörterbuch Politische Bildung, Schwalbach/Ts., S. 431-440.

Joachim Detjen (2007): Werte. In: Georg Weißeno u.a. (Hrsg.): Wörterbuch Politische Bildung, Schwalbach/Ts., S. 414-423.

Georg Weißeno/Joachim Detjen/Ingo Juchler/Peter Massing/Dagmar Richter (2010): Konzepte der Politik. Ein Kompetenzmodell, Schwalbach/Ts.

# Welches politische Grundwissen ist für die Bearbeitung des Themas notwendig?

## Exemplarischer Unterricht und kategoriale Bildung

Die Vorschläge zur fachlichen Einarbeitung in einen politischen Sach- oder Problembereich (Planungsfragen 1 und 2) hatten zum Ziel, der Lehrerin und dem Lehrer zu helfen, zunächst für sich selber einen strukturierten Zugriff auf das Politische zu finden und sich an konkreten politischen Problemen und Entscheidungsprozessen wesentliche Elemente der Politik bewusst zu machen, das heißt, sich die Fülle politischer Sachverhalte kategorial zu erschließen. Auch die fachdidaktischen Hinweise zur Planung von Politikunterricht (Planungsfrage 3) orientierten sich bei der Suche nach didaktischen Perspektiven und bei der inhaltlichen Strukturierung des Unterrichts im Wesentlichen an fachwissenschaftlichen und fachdidaktischen Kategorien. Sowohl die fachwissenschaftliche als auch die fachdidaktische Zugangsweise führen zu einem Politikunterricht, der von zwei Grundgedanken geprägt ist, die in einem engen Zusammenhang stehen: dem Gedanken des exemplarischen Lernens und dem der kategorialen Bildung.[1]

Der Idee des exemplarischen Lernens liegt die Vorstellung zugrunde, dass die Ziele des Politikunterrichts sich weder erreichen lassen durch die bloße Anhäufung von Stoffwissen noch durch die abstrakte Behandlung von institutionellen Formen, Prinzipien oder Grundwerten des politischen Systems. Erfolgversprechender erscheint ein Unterricht, in dem exemplarische Ausschnitte der politischen Wirklichkeit von Lehrenden und Lernenden gemeinsam bearbeitet werden. In der selbstständigen, analysierenden und wertenden Auseinandersetzung mit aktuellen politischen Problemen oder Konflikten bilden sich Urteilsvermögen, Fähigkeit zur Entscheidung, an Werten orientierte Verhaltens- und Handlungsdispositionen aus. Die selbstständige, analysierende und wertende Auseinandersetzung mit Politik kann den Schülerinnen und Schülern jedoch nur gelingen, wenn dem zweiten Grundgedanken, dem der kategorialen Bildung, im Unterricht ausreichend Rechnung getragen wird. Kategoriale Bildung meint, dass mit Hilfe von Schlüsselbegriffen – Kategorien – und daraus abgeleiteten Schlüsselfragen auch den Schülerinnen und Schülern ein Zugang zur Politik eröffnet werden kann, der bei ihnen ein vertieftes Verständnis für Politik sowie Einsichten in wesentliche politische Zusammenhänge ermöglicht. Haben Schülerinnen und Schüler einmal gelernt, bei der Bearbeitung konkreter Probleme die Fragen zu stellen, die das Wesentliche, Verallgemeinerbare aufschließen, und dadurch prägende Elemente des Politischen zu erkennen, dann besteht die Chance, dass sie die Schlüsselfragen auch an andere politische Probleme, Konflikte und Entscheidungen stellen und dass sie die Erkenntnisse und Einsichten, die sie dabei gewinnen, auch auf andere politische Problembereiche übertragen. So bilden sich die Gewohnheit und die Fähigkeit heraus, generell bei der Beschäftigung mit Politik solche Schlüsselfragen zu stellen, in den dabei gewonnenen Kategorien zu denken, mit ihnen konkrete Politik zu beurteilen und zu eigenen handlungsleitenden Wertungen zu kommen.[2]

Die didaktische Grundfunktion der Kategorien besteht dabei im Wesentlichen darin, eine Brücke zu schlagen zwischen den konkreten Gegenständen, den Inhalten und Themen des Unterrichts einerseits und den grundlegenden Prinzipien der Politik andererseits. „Sie sollen das Konkrete und Aktuelle aufschließen durch Aufzeigen des Strukturellen, des Typischen, des Prinzipiellen und so aktuelle Geschehnisse und Prozesse verstehbar machen."[3]

Auch dann, wenn der Politikunterricht nicht von konkreten Problemen oder Konflikten ausgeht, sondern als „systematische Kunde" konzipiert ist oder als „offene tagespolitisch bezogene Diskussion",[4] ist es notwendig und sinnvoll, Unterricht mit Hilfe von Kategorien zu strukturieren.

## Kategorien- und Begriffswissen

Wenn vor dem Hintergrund dieser Überlegungen die Frage beantwortet werden soll, welches politische Grundwissen für die Bearbeitung eines Themas notwendig ist, so erscheint als die naheliegendste Antwort: in erster Linie Kategorien bzw. Grundbegriffe, sind sie doch unabdingbar, um politische Sachverhalte analysieren und beurteilen zu können. Der Tatbestand, dass Kategorien einen wichtigen Teil des politischen Grundwissens ausmachen, dürfte unbestritten sein. Es besteht jedoch eine große Gefahr darin, dass die Art ihrer Vermittlung dazu führt, dass sie zu einem „mechanisch zu handhabenden Instrumentarium" werden, das leicht zu „leerem Schematismus" und „verständnisloser Begriffsakrobatik" führt.[5] Daraus folgt, dass es wenig sinnvoll ist, Kategorien abstrakt oder formal zu Beginn des Politikunterrichts einzuführen oder in einer eigenen Unterrichtseinheit oder -sequenz zu vermitteln, sondern sie müssen das Ergebnis von Lernprozessen sein, die vom konkreten Gegenstand ausgehen, entsprechend der Erkenntnisregel:

„Kategorien ohne Anschauung sind leer, Anschauung ohne Kategorien ist blind".[6] Dabei schließen die Kategorien, in Schlüsselfragen umformuliert, den Gegenstand auf, umgekehrt lassen sich am konkreten Gegenstand Kategorien erkennen und ableiten. Anders formuliert: Kategorien werden zum einen als Instrument der Analyse, das heißt des Verstehens verwendet, andererseits als Einsichten am konkreten Gegenstand gewonnen.

## Fakten

Dieser Wechsel von Konkretion und Abstraktion macht es allerdings genauso notwendig, dass neben dem Wissen von Kategorien die Schülerinnen und Schüler auch über Kenntnisse bestimmter Fakten verfügen. Ohne ein bestimmtes Maß an Faktenwissen kommt auch der Politikunterricht nicht aus, und diese müssen gelernt werden. In dieser Hinsicht unterscheidet sich der Politikunterricht nicht von anderen Schulfächern.

Fakten als zweiter wichtiger Teil des politischen Grundwissens sind für den Politikunterricht jedoch kein Selbstzweck, sondern erhalten ihre Bedeutung erst durch den Bezug zu den Kategorien. Deshalb lässt sich auch nicht einfach ein Grundkanon von Faktenwissen aufstellen, über den jeder demokratische Staatsbürger verfügen muss, wenn er sich im Feld des Politischen einigermaßen sicher und sachgerecht bewegen und behaupten will, so verführerisch einfach dies auch für Lehrerinnen und Lehrer wäre, einen solchen Wissenskanon zu vermitteln, durch Wiederholungen zum festen Besitz zu machen und darauf aufbauend die Kenntnisse zu erweitern und zu vertiefen. Wie leicht ließe sich zum Beispiel die Kontrolle der Lernleistungen gestalten, wenn es nur um abfragbares Faktenwissen ginge. Die eigentlichen Lernziele des Politikunterrichts würden dann jedoch verfehlt. Schülerinnen und Schüler können noch so viele Kenntnisse besitzen, zum Beispiel über die Organe des Staates wie Regierung, Parlament, Verwaltung, Gerichte, über ihren Aufbau, ihre regionale und funktionale Gliederung, über Parteien und Verbände, ihre Programme usw.; nicht die Kenntnis der Fakten führt zum Verständnis des Politischen, sondern die Erkenntnis von Zusammenhängen mit Hilfe adäquater Kategorien des Politischen. So kann beispielsweise in einer Unterrichtseinheit über „die politische Auseinandersetzung um die Pflegeversicherung" die Kenntnis der unterschiedlichen Modelle zur Pflegeversicherung zwar zum notwendigen Faktenwissen gehören, aber nicht diese Sachkenntnis macht den eigentlichen Inhalt des Politikunterrichts aus, sondern vielmehr Fragen wie zum Beispiel, welche Interessen sich in den jeweiligen Lösungsvorschlägen ausdrücken, wie sich Interessen auf dem Feld der Sozialpolitik artikulieren und durchsetzen usw.[7]

## Theorien

Während die Fakten ihre Bedeutung erst durch die Kategorien erhalten und die Kategorien erst am konkreten Gegenstand „einleuchten", erhalten die Kategorien wiederum ihren Bedeutungsgehalt erst in politiktheoretischen Zusammenhängen.

Das heißt, die Einordnung und die Beurteilung der Kategorien lassen sich letztlich nicht begründet leisten ohne ein Mindestmaß an Kenntnissen politischer Theorien. So kann man zwar die politische Auseinandersetzung um die Pflegeversicherung unter besonderer Akzentuierung der Kategorie Interesse analysieren, aber die Beurteilung der Interessen und Interessenkonflikte, der Strategien zur Durchsetzung der Interessen usw. durch gesellschaftliche Gruppen, Parteien, Verbände oder Medien oder auch die Urteile der Schülerinnen und Schüler selbst hängen letztlich davon ab, wie die Tatsache der Existenz unterschiedlicher Interessen, freier Interessenartikulation und der freien Austragung von Interessenkonflikten generell eingeschätzt wird. Ob darin zum Beispiel ein zentrales Merkmal freiheitlicher Demokratie oder eine Gefährdung des Gemeinwohls gesehen wird, verweist auf unterschiedliche demokratietheoretische Konzeptionen. Erst die Kenntnis solcher und anderer theoretischer Ansätze, die den Bedeutungsgehalt der Kategorien bestimmen und auf die die Kategorien bezogen werden müssen, führen zu einem vertieften politischen Urteil bei Schülerinnen und Schülern.

## Politisches Grundwissen

Zum notwendigen politischen Grundwissen, das Politikunterricht insgesamt vermitteln soll und das zur Bearbeitung von politischen Themen notwendig ist, gehören also Fakten, Kategorien und Theorien. Dabei erfüllen die Kategorien eine doppelte Brückenfunktion. Sie stellen erstens eine Verbindung her von den konkreten Gegenständen und Fakten zu allgemeineren Prinzipien der Politik und zweitens eine Verbindung von den allgemeineren Prinzipien der Politik zu allgemeinen politischen Theorien, die ihnen erst ihren Ort und ihre Bedeutung geben.

Schülerinnen und Schüler sollen also in einem exemplarisch angelegten Unterricht, in dem Fakten, Kategorien und Theorien miteinander verknüpft und zu politischem Grundwissen verdichtet werden, Verständnis für das Politische und Einsichten in politische Zusammenhänge gewinnen.

Dieses politische Grundwissen, das nicht auf eine abstrakt institutionenkundlich abfragbare Weise vermittelt werden kann, sondern Resultat von Prozessen des Verstehens im Zusammenhang mit mehrfach praktizierten und zunehmend differenzierten kategorialen Analysen ist, kann dann bei Schülerinnen und Schülern die Basis bilden für die weitere Entwicklung einer „kognitiven Landkarte", die Voraussetzung dafür ist, Politik zu verstehen, vor allem aber Politik zu beurteilen.

## Anmerkungen

1  Zum Gedanken des „exemplarischen Lernens" für den Politikunterricht vgl. u.a. Kurt Gerhard Fischer, Überlegungen zur Didaktik des politischen Unterrichts, Göttingen 1972, S. 52 f.
   Auch der Gedanke der „kategorialen Bildung" ist keineswegs neu. Er begleitet die fachdidaktische Diskussion spätestens seit den 60er Jahren. Es scheint jedoch, als hätten diese Ideen bisher nur wenige Spuren im alltäglichen Politikunterricht hinterlassen. Viele Didaktiker, insbesondere Wolfgang Hilligen, Hermann Giesecke und Bernhard Sutor, haben Kategorien und Kategoriensysteme entwickelt, begründet und zum Teil in Unterrichtsentwürfe umgesetzt.
2  Vgl. Peter Massing/Werner Skuhr, Die Sachanalyse – Schlüssel zur Planung für den Politikunterricht, in: Gegenwartskunde, 2/1993, S. 249.
3  Bernhard Sutor, Neue Grundlegung politischer Bildung, Bd. II, Paderborn/München/Wien/ Zürich 1984, S. 70.
4  Hermann Giesecke, Politische Bildung. Didaktik und Methodik für Schule und Jugendarbeit, Weinheim/München 1993, S. 58 ff.
5  Vgl. Bernhard Sutor (Anm. 3), S. 73.
6  In Abänderung der Kant'schen Erkenntnisregel „Begriffe ohne Anschauung sind leer, Anschauung ohne Begriffe ist blind".
7  Vgl. dazu die Beiträge in dem Themenheft „Interessen", Politische Bildung ,2/1993, vor allem den Beitrag von Hans-Werner Kuhn, Interessen – Beispiel: Pflegeversicherung. Eine Unterrichtssequenz, S. 76 ff.

## Neuere Literatur

Peter Massing (2000): Kategoriale Bildung und Handlungsorientierung im Politikunterricht. In: kursiv – Journal für die politische Bildung, H.2 .

Tilman Grammes (2005): Exemplarisches Lernen. In: Wolfgang Sander (Hrsg.)
Handbuch politische Bildung, Schwalbach/Ts. 3. völlig überarb. Aufl.

Kerstin Pohl (Hrsg.) (2004): Positionen der politischen Bildung, Bd. 1., Schwal-
bach/Ts.

Georg Weißeno (Hrsg.) (2005): Politik besser verstehen. Neue Wege der politischen
Bildung, Wiesbaden

Wolfgang Sander (2007): Politik entdecken – Freiheit leben. Didaktische Grundlagen
politischer Bildung, Schwalbach/TS.

Siegfried Schiele/Gotthard Breit (2008): Vorsicht Politik, Schwalbach/Ts.

Gotthard Breit/Siegfried Frech (2010): Politik durchschauen. Wie man sich erfolg-
reich Durchblick verschafft. Ein Schülertaschenbuch, Schwalbach/Ts.

Georg Weißeno/Joachim Detjen/Ingo Juchler/Peter Massing/Dagmar Richter
(2010): Konzepte der Politik. Ein Kompetenzmodell, Schwalbach/Ts.

# Kapitel 5

# Wie trage ich zur politischen Urteilsbildung bei?

Bei der Beantwortung der vorangegangenen Planungsfragen wurde immer wieder deutlich, dass Theorie und Praxis der politischen Bildung unter anderem darin übereinstimmen, dass es eine wesentliche Aufgabe des politischen Unterrichts ist, Schülerinnen und Schüler zur politischen Urteilsbildung zu befähigen. Im Politikunterricht sollen Schüler lernen, politische Sachverhalte mit dem Ziel einer Handlungsorientierung zu analysieren und zu bewerten. „Urteilsfähigkeit ist die Voraussetzung für Partizipationsfähigkeit. Ohne ein eigenes, begründetes Urteil über politische Programme, Leistungen, Personen kann der Bürger an Politik nicht so teilnehmen, dass er seine eigenen wohlverstandenen Interessen fördert. Er wird manipuliert, wird Objekt einer Politik, die anderen nützen mag, aber keine Gewähr dafür bietet, dass sie seinen eigenen Interessen entspricht."[1] Eine der Voraussetzungen, sich selbst als Subjekt in die Politik einbringen zu können, ist also die Fähigkeit zur politischen Urteilsbildung. Dazu soll der Politikunterricht beitragen. Im Unterricht selbst erweist sich diese Aufgabe jedoch als besonders schwierig:

– Zum einen darf der Politikunterricht Schülerinnen und Schüler nicht überfordern. So kann es bei der Urteilsbildung sicherlich nicht darum gehen, unumstrittene Lageanalysen oder sichere Lösungen politischer Probleme zu liefern.[2]

– Zum anderen dürfen aber die Schwierigkeit der Aufgabe und die geringe Zeit, die in der Regel dafür zur Verfügung steht, nicht dazu führen, dass politischer Unterricht regelmäßig endet, bevor die Schüler zu einem begründeten Urteil gelangt sind und die Urteile und die Urteilsmaßstäbe ausreichend diskutiert werden konnten.

Unabhängig davon, ob politische Urteilsbildung ausdrücklich im Politikunterricht thematisiert wird oder nicht, Schülerinnen und Schüler urteilen ständig, implizit oder explizit, bewusst oder unbewusst über Politik. Oft tun sie dies emotional und ihre Urteilskriterien sind häufig einseitig und wenig reflektiert.

Ohne Anspruch auf Vollständigkeit sind dies vor allem:

– ihre eigenen individuellen Interessen (z.B.: Bringt mir persönlich eine politische Entscheidung Vor- oder Nachteile?),
– abstrakte moralische Werte (z.B.: Halte ich das Ergebnis für „gut" oder „schlecht"?),
– ideologische Versatzstücke (z.B.: Entspricht eine bestimmte Entscheidung meinem Weltbild?),
– Sympathie und Vertrauen für politisch Handelnde (z.B.: Ist mir die Person, die eine bestimmte Politik vertritt, sympathisch oder unsympathisch, vertraue oder misstraue ich ihr?).

Auch bei der Urteilsbildung im Politikunterricht besteht die Aufgabe darin, an diese, immer schon vorhandenen, zum Teil rationalen, zum Teil emotionalen Urteilskriterien anzuknüpfen, sie ins Bewusstsein zu heben und zu ordnen, sie vorsichtig zu erweitern und die Schülerinnen und Schüler mit anderen und/oder zusätzlichen Urteilskriterien vertraut zu machen. Urteile beruhen prinzipiell auf zwei Grundlagen: zum einen auf einer bestimmten Wissensbasis, also auf Informationen über einen zu beurteilenden Sachverhalt, zum anderen auf bestimmten Werten, die der Urteilende als gültig und richtig betrachtet. Die Überprüfung von Urteilen im Hinblick auf ihre Gültigkeit und Zustimmungsfähigkeit muss sich daher sowohl auf die Wissensbasis als auch auf die Wertbasis beziehen. Politischer Unterricht muss insofern zur Überprüfung und gegebenenfalls Revision der eigenen Urteilsgrundlagen bzw. der Urteilsgrundlagen anderer anleiten und befähigen. Politischer Unterricht zielt dabei nicht auf den Inhalt von politischen Urteilen – im Gegenteil, er soll so angelegt sein, dass Schülerinnen und Schüler zu unterschiedlichen Urteilen kommen können. Er zielt auf den Weg, der zum politischen Urteil führt. Das bedeutet: Politischer Unterricht muss auch versuchen, Mindestkriterien zur Beurteilung von Analysen, Lösungsvorschlägen und Entscheidungen zu vermitteln und Anregungen zum Nachdenken über eigene Analyse- und Lösungsvorschläge zu geben.

## Politisch-gesellschaftliche Rationalität

Ein Mindestkriterium, mit dessen Hilfe Politik beurteilt werden kann, ergibt sich aus der Frage, inwieweit politische Handlungen, insbesondere Entscheidungen, dem Anspruch politisch-gesellschaftlicher Rationalität entsprechen.

Der Urteilsmaßstab politisch-gesellschaftliche Rationalität ist mehrdimensional. Er verknüpft zwei Idealtypen von Rationalität: den der Zweckrationalität und den der Wertrationalität.

## Zweckrationalität

Zweckrationalität bezieht sich im Wesentlichen auf die Frage noch den zweckmäßigen Mitteln für beliebige Ziele. Zweckrationalität ist zum Beispiel ein Charakteristikum von Planung. Diese ist dann zweckrational, wenn der Planungsakteur in seinem Handeln Zwecke, Mittel und Nebenfolgen gegeneinander abwägt und auf diese Weise zu einer verbesserten Zielverwirklichung gelangt. Zweckrationalität ist auch ein hervorstechendes Merkmal bürokratischer Organisationen, deren interne Struktur so angelegt ist, dass die möglichst vollkommene und reibungslose Realisierung der Organisationsziele erreicht werden kann. Zweckrationalität stellt aber auch – als technisch-ökonomische Rationalität – ein dominantes Entscheidungskriterium im Bereich der wirtschaftlichen und technischen Entwicklungsprozesse der Industriegesellschaft dar. Zweckrationalität meint in ihrem Kern die Effizienz einer bestimmten Entscheidung oder eines bestimmten Mittels im Hinblick auf die Erreichung vorgegebener Ziele. Das heißt, unabhängig von den jeweiligen Teilbereichen wie etwa Planung, Bürokratie,

Technik, Ökonomie, in der Zweckrationalität ihre je eigene spezifische Ausprägung erhält, lässt sie sich in der Kategorie Effizienz fassen und bündeln. Effizienz fragt nach Wirksamkeit, Leistungsfähigkeit, Tat- und Durchschlagskraft, Wirtschaftlichkeit, Vorteilhaftigkeit, Ergiebigkeit, Sachlichkeit, Genügsamkeit, Sparsamkeit, Genauigkeit, Einfachheit usw.[3]

## Wertrationalität

Die Zweck-Mittel-Relation der Kategorie Effizienz ist für politisches Handeln von zentraler Bedeutung. Man wird bloße Zielformulierungen bei völliger Vernachlässigung der Mittel und Wege ihrer Realisierung in der Politik kaum rational nennen können. Andererseits lässt sich von politisch-gesellschaftlicher Rationalität nur dann sprechen, wenn politische Handlungen und Entscheidungen effektiv und wertbezogen zugleich sind. Bei der Lösung sozialer und politischer Probleme ist daher eine umfassendere Rationalität notwendig als die der Zweckrationalität, die nur eine Teilrationalität ist. Politisch-gesellschaftliche Rationalität muss auch an Grundwerten menschenwürdigen Zusammenlebens und der Demokratie gebunden sein und daher Ziele ausschließen, die ihnen widersprechen. In der Politik bedarf die Zweckrationalität als Ergänzung und Korrektur der Wertrationalität.

Dabei ist die Wertrationalität als eine „weiche" Rationalität (Weinbrenner) weniger eindeutig zu bestimmen. Unterhalb von obersten Werten (Grundwerten) wie etwa Freiheit oder Gerechtigkeit, die in dieser Allgemeinheit noch keine politischen Handlungsnormen sein können, müssen die konkreten handlungsleitenden Werte und Ziele durch Diskurse, das heißt in einer ständigen und öffentlichen Auseinandersetzung von allen betroffenen Menschen und Gruppen immer wieder neu ausgehandelt werden. So muss immer wieder neu geklärt werden, was Freiheit oder Gerechtigkeit unter je gegebenen Bedingungen und Möglichkeiten sinnvoll heißen kann. Diese Idee der Wertrationalität lässt sich fassen und bündeln in der Kategorie Legitimität.

In ihrem Zusammenhang kann nach Beteiligungsmöglichkeiten

(Partizipation) und nach Öffentlichkeit (Transparenz) beim Zustandekommen der politischen Entscheidung gefragt werden und danach, ob die Entscheidung humanverträglich, sozialverträglich und umweltverträglich ist.[4] Als Beispiele für solche Fragen seien genannt:

Inwieweit tangiert die Entscheidung zentrale Menschen- und Grundrechte, die Unantastbarkeit der Menschenwürde, das Recht des Einzelnen auf Entfaltung seiner Persönlichkeit? Inwieweit ist die Entscheidung bei Berücksichtigung aller Faktoren den Betroffenen zumutbar? Inwieweit wurden bei der Entscheidung die Lebensinteressen aller Menschen und zukünftiger Generationen an der Erhaltung der natürlichen Lebensgrundlagen berücksichtigt?

Der Urteilsmaßstab politisch-gesellschaftliche Rationalität verknüpft untrennbar die beiden Kategorien Effizienz und Legitimität. Sie akzentuieren zwar unterschiedliche Aspekte der Beurteilung, müssen aber beide bei der politischen Urteilsbildung berücksichtigt werden. Politische Urteile lassen sich nicht auf die eine oder andere Kategorie und damit auf die eine oder andere Rationalität reduzieren. Erst die Berücksichtigung beider Kategorien entscheidet darüber, ob Politik dem Anspruch politisch-gesellschaftlicher Rationalität entspricht. Dennoch kann es, je nach Art des politischen Problems, zu unterschiedlichen Gewichtungen kommen. Es wird zum Beispiel bei dem Problem eines gemeinsamen Landes Berlin/Brandenburg die Kategorie Effizienz möglicherweise einen höheren Stellenwert einnehmen als bei politischen Problemen, in deren Zentrum Menschenrechte oder Grundrechte stehen, wie bei der Auseinandersetzung um das Asylrecht oder bei Problemen, die einen Konflikt zwischen Grundrechten beinhalten, wie bei der Neufassung des Paragraphen 218.

Das jeweilige politische Urteil wird aber auch davon abhängen, von welcher Perspektive aus ich Politik beurteile. Beurteile ich sie aus der Perspektive der politisch Handelnden, werde ich unter Umständen zu anderen Ergebnissen kommen, als wenn ich sie aus der Perspektive derjenigen beurteile, die von der Politik betroffen sind.

Der Urteilsmaßstab politisch-gesellschaftliche Rationalität und seine zwei Kategorien Effizienz und Legitimität sowie die beiden Perspektiven der Beurteilung – die Perspektive der politisch Handelnden und die

Perspektive der von der Politik Betroffenen – eröffnen, miteinander verknüpft, eine komplexe Struktur von Urteilskriterien, mit denen sich unterschiedliche politische Urteile begründen lassen, die im Unterricht in einem diskursiven Prozess erörtert werden können. Je nachdem, welche Kategorie der politisch-gesellschaftlichen Rationalität Schülerinnen und Schüler stärker gewichten oder welche Perspektive der Betrachtung sie einnehmen, werden sie auch bei Berücksichtigung der anderen Kategorie und Perspektive zu unterschiedlichen Urteilen gelangen. Dabei findet die prinzipielle Offenheit der Urteilsbildung immer dort ihre Grenze, wo Menschenrechte und/oder Grundrechte verletzt werden können. Je nach den Urteilen der Schülerinnen und Schüler und der Art der Begründung können Lehrerinnen und Lehrer sie dazu anregen, unterschiedliche Sichtweisen einzunehmen, einmal die eine, einmal die andere Kategorie stärker zu berücksichtigen. Auf diese Weise werden sie für den komplizierten Prozess der Urteilsbildung sensibilisiert, und die Begründbarkeit sowie die prinzipielle Berechtigung auch anderer Urteile wird für sie einsehbar. Die Urteile selbst lassen sich vor allem über die Reflexion und Diskussion der jeweiligen Urteilskriterien im Unterricht erörtern. Sie erscheinen dann leichter nachvollziehbar, was eine wesentliche Voraussetzung für die Toleranz gegenüber anderen, abweichenden Urteilen ist.

## Anmerkungen

1  Dieter Großer, Politische Bildung, München 1977.
2  Auch die Anforderungen, die die Wissenschaftstheorie an rationale Urteilsbildung stellt, lassen sich unter den gegebenen Unterrichtsbedingungen nur schwer einlösen. Vgl. dazu Wolfgang Sander, Effizienz und Emanzipation. Prinzipien verantwortlichen Handelns. Eine Grundlegung zur Didaktik der politischen Bildung, Opladen 1984.
3  Uwe Thaysen, Parlamentsreform in Theorie und Praxis, Opladen 1972.
4  Zum Wertmaßstab „Politisch-gesellschaftliche-Rationalität" vgl. vor allem die Arbeiten von Peter Weinbrenner. Unter anderem: „Sozialverträgliche Technikgestaltung" als politische und berufliche Bildungsaufgabe, Universität Bielefeld – Fakultät Für Wirtschaftswissenschaften. Schriften zur Didaktik der Wirtschafts- und Sozialwissenschaften Nr. 3, o.J.

## Neuere Literatur

Peter Massing/Georg Weißeno (Hrsg.) (1997): Politische Urteilsbildung. Aufgaben und Wege für den Politikunterricht, Schwalbach/Ts.

Sibylle Reinhardt (1999): Werte-Bildung und politische Bildung. Zur Reflexivität von Lernprozessen, Opladen.

Hans-Werner Kuhn (2003): Urteilsbildung im Politikunterricht. Ein multimediales Projekt (Buch, Video, CD), Schwalbach/Ts.

Meierhenrich, Volker (2003): Wie können Schüler politisch urteilen? Kategorien politischer Urteilsbildung von Schülerinnen und Schülern, Schwalbach/Ts.

Joachim Detjen (2004): Politische Urteilsfähigkeit – Eine domänenspezifische Kernkompetenz der politischen Bildung. In: Politische Bildung, H. 3, S. 44-58.

Kerstin Pohl (2004) (Hrsg.): Positionen der politischen Bildung, Bd. 1, Schwalbach/Ts.

Sibylle Reinhardt (2005): Politikdidaktik. Praxishandbuch für die Sekundarstufe I und II., Frankfurt/M., S. 147-159.

Ingo Juchler (2005): Demokratie und politische Urteilskraft. Überlegungen zu einer normativen Grundlegung der Politikdidaktik, Schwalbach/Ts.

Ingo Juchler (2005): Politische Urteilsbildung – Kernkompetenz für den Politikunterricht. In: Georg Weißeno (Hrsg.): Politik besser verstehen, Wiesbaden, S. 62-75.

Joachim Detjen (2007): Politische Urteilskompetenz. In: Georg Weißeno u.a. (Hrsg.): Wörterbuch Politische Bildung, Schwalbach/Ts., S. 399-408.

Andreas Klee (2008): Entzauberung des politischen Urteils. Eine didaktische Rekonstruktion zum Politikbewusstsein von Politiklehrerinnen und Politiklehrern, Wiesbaden.

Maria Eyrich Stur (2009): Wie urteilen Hauptschüler über Politik? Eine deskriptive Studie über die politische Urteilskompetenz von Hauptschülern unter besonderer Berücksichtigung geschlechtstypischer Zusammenhänge, Essen.

# Lehr- und Lernbedingungen

Nach der Klärung der Ziel- und Inhaltsfragen für den Politikunterricht stellen sich fachdidaktische Aufgaben, die zwar nicht losgelöst von diesen ersten Entscheidungen gesehen werden dürfen (Planung als zirkulärer Prozess), die jedoch auf einer anderen Ebene liegen. Die Auswahl und Akzentuierung bei der Entscheidung für die didaktische Perspektive, die inhaltliche Strukturierung und der Verlauf des Unterrichts sind auch abhängig von externen Bedingungen, die den Unterricht mitprägen und die erhellt werden müssen, sollen sie nicht unerwartet und unreflektiert den Unterricht beeinflussen. Da fachdidaktische Konzeptionen eine für alle Altersstufen und Schulformen gleichermaßen gültige Bedingungsanalyse nicht vorgeben können, sind es letztlich die Lehrerinnen und Lehrer selbst, die diese zentrale didaktische Arbeit für den Unterricht leisten müssen. Das heißt, bei der Planung und der Durchführung von Politikunterricht müssen sie neben den anderen didaktischen Aufgaben auch nach den Voraussetzungen und Bedingungen fragen, die Möglichkeiten und Chancen des Lehrens und Lernens im Politikunterricht beeinflussen, sie eröffnen oder einschränken. Solche Bedingungsfaktoren liegen einmal bei den Adressaten, den Schülerinnen und Schülern, zum anderen bei den Akteuren, den Lehrerinnen und Lehrern, und nicht zuletzt auch bei der Institution, der Schule selbst. Alle drei Faktoren sind wiederum vor dem Hintergrund der aktuellen politisch-gesellschaftlichen Bedingungen und Problemlagen zu sehen – der Gesellschaftsordnung, des Wirtschaftssystems, der Staatsform, der Verfassung usw. –, die prägend auf sie einwirken. Diese politisch-gesellschaftlichen Rahmenbedingungen werden hier in keiner eigenen Frage behandelt,[1] sondern sie werden integriert berücksichtigt im Zusammenhang mit den Überlegungen und Anregungen zu den drei genannten zentralen Bedingungsfaktoren.

# Kapitel 6

# Welche politischen Einstellungen und Lernvoraussetzungen der Schülerinnen und Schüler muss ich berücksichtigen?

Die Lernvoraussetzungen, also die Voreinstellungen, Gefühle und Erfahrungen, Kenntnisse, Interessen und Fähigkeiten der Schülerinnen und Schüler spielen im Politikunterricht eine besondere Rolle, da hier nicht nur Kenntnisse vermittelt, sondern auch Einstellungs-änderungen erreicht und politische Handlungsfähigkeit wenigstens angebahnt werden sollen. Unterricht kann nicht sinnvoll gegen die Jugendlichen durchgeführt werden. Das heißt, der Unterricht muss sich am Bewusstsein der Schülerinnen und Schüler orientieren, die immer schon mit mehr oder weniger klaren Vorstellungen von sozialen und politischen Realitäten, mit bestimmten sozialen und politischen Erfahrungen, Urteilen und Einstellungen in die Schule kommen, die sie im Unterricht schweigend oder sprechend mobilisieren. „Deshalb stellt der politische Unterricht das politische Weltbild der Schüler nicht her, er interveniert nur in dieses Weltbild, und die Schüler können diese Eingaben benutzen, um ihre Vorstellungen zu revidieren, zu ergänzen, zu präzisieren, zu erweitern."[2] Daraus geht hervor, von welch großer Bedeutung es ist, dass Lehrerinnen und Lehrer sich intensiv mit den bei Schülerinnen und Schülern bereits vorhandenen Bildern von Politik und Gesellschaft beschäftigen, um sie dort abholen zu können, wo sie sind, das heißt in ihrer Lebenswelt, wie die Strukturen des alltäglichen Lebens und der sozialen Umgebung bezeichnet werden.[3] Dabei darf

diese Analyse der Bedingungen nicht allein zum Ziel haben, Motiva-
tionsprobleme zu vermindern, um möglichst ungestört vorgegebene
Lernziele verfolgen zu können, sondern in einem Unterricht, der die
Lernenden als Subjekte des Lernprozesses begreift, sind die Lern-
voraussetzungen und Einstellungen der Lernenden konstituierende
Faktoren des Unterrichts.[4]

Aufgabe der Unterrichtsplanung ist es daher, die bereits vorhandenen
politischen Befindlichkeiten und Alltagsvorstellungen in Beziehung
zum Inhalt des Unterrichts zu setzen. Dabei müssen Lehrer/innen
prüfen, ob die meist abstrakten Inhalte und die Materialien der kognitiven und emotionalen Entwicklung der Schüler/innen angemessen
sind. Manche Inhalte werden zu früh behandelt (zum Beispiel bei der
Drogenprophylaxe), andere übersteigen in ihrem Abstraktionsgrad die
Fähigkeiten der Schüler/innen und erschweren dadurch den Zugang zur
Politik. Darüber hinaus gibt es zu jedem Inhalt zum Teil altersbedingte
moralische Urteilsstrukturen,[5] die es ebenso zu beachten gilt wie die
Fähigkeiten, sich in die Lage anderer Menschen hineinzuversetzen
(soziale Perspektivenübernahme).[6]

Die Behandlung eines jeden Themas im Politikunterricht trifft in
der Regel auf eine Vielzahl bewusster und unbewusster Voreinstellungen, Vorurteile und Betroffenheit bei Schülerinnen und Schülern, auf
Rückwirkungen aus der gegebenen politischen Situation und auf durch
Eltern, die Gruppe der Gleichaltrigen oder Massenmedien bewirkte
politische Grundhaltungen. Schülerinnen und Schüler reden im Unterricht oft anders, als sie denken und handeln (doppeltes Gesicht).
Lehrerinnen und Lehrer müssen solche vorhandenen Voreinstellungen
und Deutungsmuster kennen, um sie bei der Planung ihres Unterrichts zu berücksichtigen. Ebenso müssen sie schon bei der Planung
darüber nachdenken, wie und in welcher Weise zum Beispiel politisch
Engagierte oder Desinteressierte, aber auch dominante oder ängstliche
Charaktere in ihrer Klasse die einzelnen Phasen des Unterrichtsverlaufs
beeinflussen können.

Die Vorkenntnisse zu einem Thema sind je nach Alter, Schulform
und Dauer des Politikunterrichts sehr unterschiedlich. Für Politiklehrerinnen und -lehrer ist es allerdings unabdingbar zu wissen, über welche

Fakten und Informationen ihre Schülerinnen und Schüler verfügen. Nur so ist ein strukturierter und vernetzter Unterricht möglich, in dem neues Wissen auf vorangegangenem aufbaut, dieses verarbeitet und zu weiterführenden Erkenntnissen und Einsichten verdichtet werden kann. Zu den Kenntnissen und Wissensstrukturen als einer Bedingung von Lernprozessen kann es keine allgemeingültigen Vorüberlegungen geben; sie müssen sich vielmehr in der Situation der Klasse darstellen. Dies gilt gleichfalls für die Umgangsformen der Schülerinnen und Schüler im Klassenzimmer, die auf die Lernbedingungen Einfluss haben.

Für die Bearbeitung eines Themas ist es auch wichtig, ob die Schüler/innen schon über bestimmte Fertigkeiten verfügen, ob sie zum Beispiel Texte, Tabellen und Schaubilder interpretieren können, ob sie in der Lage sind, Befragungen durchzuführen und Arbeitsergebnisse in Produktionen zu präsentieren, usw. Die Lehrer/innen müssen bei der Planung des Unterrichts überlegen, welche Fertigkeiten sie voraussetzen können und welche sie vermitteln müssen. Ähnliches gilt für die Erfahrungen der Schulklasse mit bestimmten Methoden wie Rollen- oder Planspiel, Produktion (s. Planungsfrage 11).

Über die Voraussetzungen und Bedingungen des Lernens bei Schülerinnen und Schülern können unter anderem die politische Sozialisationsforschung, die Lern- und Entwicklungspsychologie oder Jugendstudien wichtige Hinweise geben.[7] Dabei kann es allerdings auch leicht zu Missverständnissen kommen zwischen den Erwartungen der Lehrenden und den tatsächlichen Leistungen der Wissenschaft. Ziel sozialwissenschaftlicher Jugendforschung ist es in der Regel, zu verallgemeinerbaren, zu generalisierbaren Aussagen zu kommen. Lehrerinnen und Lehrer haben es aber nicht mit „der Jugend" zu tun, auch nicht mit einer statistisch repräsentativen Gruppe von Jugendlichen, sondern immer mit einer ganz konkreten Klasse, einer bestimmten sozialen Gruppe in ihrer je spezifischen Zusammensetzung und mit einzelnen Individuen, ihren unterschiedlichen Biographien, Fähigkeiten, Interessen usw. Ergebnisse sozialwissenschaftlicher Forschung lassen sich nicht unmittelbar auf Unterricht anwenden, sondern Lehrerinnen und Lehrer müssen sie erst übersetzen, das heißt, deren Fragestellungen und Befunde auf die jeweilige Schulklasse bzw. auf die jeweilige Schülerin oder den jeweiligen Schüler anwenden. „Der (…) Lehrer muss dafür sensibilisiert werden, den Schüler in seiner schon immer vorhandenen natürlichen Weltsicht zu verstehen, ein Stück weit aus der Binnenperspektive zu akzeptieren, um dann vorsichtig und kritisch korrigierend in solche Bilder eingreifen zu können, (…) und sie wissenschaftlich zu bearbeiten, wenn man unter Wissenschaft die systematische Kritik von unreflektierten Vor-Urteilen versteht."[8]

Es ist für Lehrerinnen und Lehrer oft nicht einfach, Zugang zu der Lebenswelt der verschiedenen Schülerinnen und Schüler zu bekommen und sie als einzigartige Individuen wahrzunehmen. Hilfreich ist es, den Unterricht selbst zu einem Teil der Bedingungsanalyse werden zu lassen.[9] Als mögliche Methoden bieten sich dafür an: Einstiegsgespräche, Befragungen, Erstellen eines Zeitbudgets, Tagebuchschreiben, Markieren eines persönlichen Stadtplans, Rollenspiele u.a.[10]

## Anmerkungen

1 Vgl. Gerhart Maier, Politische und gesellschaftliche Rahmenbedingungen, in: Wolfgang Mickel/Dietrich Zitzlaff (Hrsg.), Handbuch zur politischen Bildung (Schriftenreihe der Bundeszentrale für politische Bildung, Bd. 264), Bonn 1988, S. 99-103.

2 Hermann Giesecke, Politische Bildung. Didaktik und Methodik für Schule und Jugendarbeit, Weinheim – München 1993, S. 44.

3 Vgl. Sybille Reinhardt, Sozialisationsbedingungen als Faktoren des politischen Lernens in allgemeinbildenden Schulen, in: Walter Gagel/Dieter Menne (Hrsg.), Politikunterricht. Handbuch zu den Richtlinien NRW. Düsseldorf 1988, 5. 113-123; Heinz Schirp, Der Beitrag der Bedingungsanalyse zur Unterrichtsplanung, in: Politikunterricht, a.a.O., S.215-227.

4 Vgl. Sybille Reinhardt (Anm. 3), S. 114.

5 Dazu vgl. vor allem die Arbeiten von Lawrence Kohlberg. Unter anderem: Kognitive Entwicklung und moralische Erziehung, in: Politische Didaktik. Vierteljahresschrift für Theorie und Praxis des Unterrichts, 3/1977, S. 55 ff.

6 Zur sozialen Perspektivenübernahme vgl. vor allem Gotthard Breit, Mit den Augen des anderen sehen – Eine neue Methode zur Fallanalyse, Schwalbach/Ts. 1991.

7 Vgl. Bernhard Claußen/Klaus Wasmund (Hrsg.), Handbuch politischer Sozialisation, Braunschweig 1982.

8 Tilman Grammes, Gibt es einen verborgenen Konsens in der Politikdidaktik? In: Aus Politik und Zeitgeschichte, 51-52/1986, S. 26.

9  Vgl. dazu vor allem Georg Weißeno, Vorüberlegungen für eine reflexive Bedingungsanalyse, in: Sowi 22/1993, S. 117 ff.
10 Vgl. Roland Narr, Lernen im städtischen Umfeld, Hannover 1986, S. 157.

## Neuere Literatur

Bernhard Claußen/Rainer Geißler (Hrsg.) (1996): Die Politisierung des Menschen.
   Instanzen der politischen Sozialisation. Ein Handbuch, Opladen.
Lawrence Kohlberg (1997): Die Psychologie der Moralentwicklung, Frankfurt/ M.,
   2. Aufl.
Detlef Garz (1998) Moral, Erziehung und Gesellschaft, Bad Heilbrunn.
Peter Massing (1999): Bedingungsanalyse. In: Wolfgang W. Mickel (Hrsg.):
   Handbuch zur politischen Bildung. Grundlagen, Methoden, Aktionsformen,
   Schwalbach/Ts., S. 200-206.
Karin Kroll (2001): Die unsichtbare Schülerin. Kommunikation zwischen Ge-
   schlechtern im Politikunterricht. Schwalbach/Ts.
Detlef Oesterreich (2002): Politische Bildung von 14-Jährigen in Deutschland.
   Studien aus dem Projekt Civic Education, Opladen.
Peter Massing (2007): Sozialisation. In: Georg Weißeno u.a. (Hrsg.): Wörterbuch
   Politische Bildung, Schwalbach/Ts., S. 367-376.
Dagmar Richter (Hrsg.) (2007): Politische Bildung von Anfang an, Schwalbach/Ts.
Thomas Goll/Dagmar Richter/Georg Weißeno/Valentin Eck (2010): Politisches
   Wissen zur Demokratie von Schüler/-innen mit und ohne Migrationshinter-
   grund (POWIS-Studie). In: Georg Weißeno (Hrsg.): Migrationshintergrund
   und politische Bildung, Bonn, S. 23-50.

# Kapitel 7

# Wie kann meine Einstellung den Unterricht beeinflussen?

Wesentliche Bedingungsfaktoren, die das Lehren und Lernen im Politikunterricht mitprägen, sind in der Person und im Verhalten der Lehrerin und des Lehrers selbst zu sehen. Eine wichtige Aufgabe bei der Aufklärung der jeweiligen Lehr- und Lernbedingungen ist also die Reflexion der eigenen Einstellungen, die den Politikunterricht bewusst oder unbewusst beeinflussen.

Fast alle fachwissenschaftlichen und fachdidaktischen Aussagen, die bei der Beantwortung der einzelnen Fragen bisher gemacht worden sind, erweisen sich bei näherem Hinsehen als Anforderungen an die Politiklehrerinnen und -lehrer. Diese Anforderungen haben sich im Bereich der Ziel- und Inhaltsklärung im Wesentlichen aus der Sache ergeben. Auf der Ebene der Lehr- und Lernbedingungen werden sie ergänzt und erweitert durch Anforderungen, die aus dem erzieherischen Auftrag der Schule resultieren. Die Erwartungen, die damit verknüpft sind, bündeln sich in der sozialen Rolle der Politiklehrer/innen. Soziale Rollen sind Richtlinien des Verhaltens. Durch das Vorhandensein von Rollen weiß der Inhaber der Rolle, was von ihm erwartet wird, und was er von anderen zu erwarten hat. Soziale Rollen engen zwar die Möglichkeiten des Handelns bis zu einem gewissen Grad ein, haben in der Regel jedoch auch eine große Entlastungsfunktion. Nun ist die

Lehrerrolle im Vergleich zu anderen sozialen und Berufsrollen durch eine Reihe von Besonderheiten gekennzeichnet. Ein wesentliches Merkmal ist, dass diese Rolle ein komplexes Gebilde ist, das sich aus einer Reihe von Teilrollen zusammensetzt: Repräsentant der Schule, Wissenschaftler, Berater, Organisator, Planer und nicht zuletzt politischer Bürger. Die Verbindung dieser Teilrollen ist keineswegs spannungsfrei, und die pädagogisch-professionelle Rolle der Politiklehrer/innen ist nicht eindeutig. In ihr ist vielmehr eine Vielzahl von Konflikten angelegt, die zu einem großen Teil die berufliche Belastung von Lehrerinnen und Lehrern ausmachen. Für das Selbstbild und das Selbstverständnis der Lehrenden ist es daher durchaus hilfreich, sich einmal intensiv mit der allgemeinen Frage der Lehrerrolle und den daraus resultierenden Problemen auseinanderzusetzen. Dazu existiert eine umfangreiche Literatur, auf die hier nur verwiesen werden kann.[1]

## Politiklehrerinnen und -lehrer sind politisch nicht neutral

Im Folgenden soll im Wesentlichen eine Teilrolle der Politiklehrerinnen und -lehrer im Mittelpunkt der Überlegungen stehen: ihre Rolle als politischer Bürger und deren mögliche Auswirkungen auf den Politikunterricht.

Nun sind alle Lehrenden gleichzeitig auch immer erwachsene politische Staatsbürger. Das heißt, sie sind von Politik betroffen, haben politische Meinungen, politische Positionen, verhalten sich gegenüber Politik in einer bestimmten Weise. Damit beeinflussen sie bewusst oder unbewusst ihre Schülerinnen und Schüler. Dies gilt für alle Fächer, als Problem wird es jedoch in erster Linie bei den Politiklehrerinnen und -lehrern wahrgenommen. Offensichtlich wird im Politikunterricht die Gefahr der Indoktrination, der unrechtmäßigen Beeinflussung der Lernenden durch die Lehrenden von der Öffentlichkeit am gravierendsten gesehen und mit entsprechendem Misstrauen beobachtet. Lehrer/innen selbst sind gegenüber der Frage, ob sie ihre eigene politische Einstellung, Meinung oder ihr Urteil in den Politikunterricht einbringen können und bei der Behandlung politischer Kontroversen selbst auch Position beziehen sollen, oft unsicher und zwiespältig. Der Beutelsbacher Konsens (vgl. Planungsfrage 3, S. 50) bietet ihnen hierbei nur auf den ersten Blick eine Hilfe. Er formuliert als erstes Grundprinzip das Überwältigungsverbot. Danach ist es nicht erlaubt, „den Schüler – mit welchen Mitteln auch immer – im Sinne erwünschter Meinungen zu überrumpeln und damit an der Gewinnung eines selbstständigen Urteils zu hindern. Hier genau verläuft nämlich die Grenze zwischen politischer Bildung und Indoktrination. Indoktrination aber ist unvereinbar mit der Rolle des Lehrers in einer demokratischen Gesellschaft und der – rundum akzeptierten – Zielvorstellung von der Mündigkeit des Schülers."[2] Nun sind aber Lehrer/innen, die im Politikunterricht gezielt manipulieren und agitieren, um Schüler/innen für ihre eigene Position einzunehmen, heute eher selten. Häufiger sind Lehrer/innen, die sich in der Befürchtung, gegen das Überwältigungsverbot zu verstoßen, zu sehr in ihrer politischen Meinung zurückhalten, ihre politische Position offen lassen und in angeblicher Neutralität verharren. Dies ist eine falsche Interpretation des Überwältigungsverbots, das keineswegs von den Lehrenden fordert, sich politisch abstinent zu verhalten. Im Gegenteil: Gerade als Lehrer/in eines Faches der politischen Bildung macht es einen wesentlichen Teil der notwendigen Glaubwürdigkeit aus, dass man sich seinen Schülerinnen und Schülern als jemand präsentiert, der eben nicht ein beliebiges Fach unterrichtet, „sondern der selbst aus Interesse Anteil nimmt an den politischen Ereignissen, an Fragen und Entwicklungen seiner Zeit, seiner Gesellschaft; der aus laufender Beobachtung und gründlicher Information orientiert ist und sich ein fundiertes rationales Urteil bildet; der in Streitfragen Position bezieht und sich politisch engagiert".[3] Schüler/innen wollen in der Regel wissen, was ihre Lehrer/innen in politisch umstrittenen Fragen denken, und sie haben auch ein Recht darauf. Wer von seinen Schülerinnen und Schülern erwartet, dass sie offen zu politischen Vorgängen Stellung nehmen, sollte auch selbst frei seine Meinung äußern. Darüber hinaus zeigen alle Erfahrungen, dass Schüler/innen sehr viel eher geneigt sind, über ihre eigenen Ansichten und Gefühle zu sprechen und sich in Diskussionen einzulassen, wenn auch die Lehrerin und der Lehrer bereit sind, deutlich zu machen, wie sie zu einem politischen Problem stehen.

Das Überwältigungsverbot zu beachten und dennoch in der Klasse die eigene politische Ansicht zu vertreten, bedeutet für jede Lehrerin und jeden Lehrer eine Gratwanderung. Bei der Reflexion ihrer eigenen politischen Einstellungen und Positionen und der Art und Weise, wie diese in den Unterricht eingebracht werden, ist es hilfreich, zwischen Parteilichkeit und Parteinahme zu unterscheiden. Von Parteilichkeit kann man sprechen, „wenn eine politische Entscheidung absolut gesetzt und für verbindlich erklärt wird". Parteinahme hingegen ist die „Entscheidung für gewisse Zielsetzungen, die offenbleiben für Infragestellung und Revision und den Lernenden Gelegenheit gibt zur Überprüfung, zum Selbstvollzug, zur Beurteilung der Konsequenzen".[4] Parteilichkeit im Sinne bewusster Manipulation ist heute, wie schon erwähnt, sicherlich selten. Häufiger ist eine unbewusste Parteilichkeit, die im Wesentlichen in zwei Formen auftreten kann.

Einmal kann sie dann entstehen, wenn die Lehrerin oder der Lehrer sich selbst nicht ausreichend in den Unterrichtsstoff eingearbeitet haben. Die Folge davon ist, dass unterschiedliche Positionen nicht angemessen zur Sprache kommen, die Lehrerin oder der Lehrer unbewusst in wertender Stellungnahme eine Richtung bevorzugt, aus Unkenntnis andere Richtungen nicht in den Unterricht einbringt und die Gründe auch nicht darstellen und angemessen würdigen kann. Gegen diese Form der unbewussten Parteilichkeit hilft in erster Linie eine fundierte Sachanalyse (vgl. Planungsfragen 1, 2, 3). Gerade sie hat die Funktion, die möglichen Aspekte eines Inhalts in seinen kontroversen Deutungen, wie sie durch die Wissenschaft vermittelt werden und sich in der Politik darstellen, herauszuarbeiten und zu beschreiben.[5]

Die zweite Form der unbewussten Parteilichkeit ergibt sich aus einer falschen Vorstellung von Objektivität und Neutralität gegenüber dem Politischen, die auch heute noch bei Lehrerinnen und Lehrern verbreitet ist. „Aus der Überzeugung, es gebe den überparteilichen, den objektiv richtigen Standpunkt in politischen Streitfragen jenseits der interessenbedingten Kontroversen und Konflikte, erscheinen Parteien und Parteilichkeit als etwas, was es eigentlich gar nicht geben dürfte. Da liegt dann der Schluss nahe, man vertrete die erhabene Position des Gemeinwohls über den schlechten Parteimeinungen und Interessen, die aus dem Unterricht verbannt bleiben müssten. Wer jedoch in Fragen des Gemeinwohls Position bezieht, und das taten und tun Lehrer solcher Überzeugung, der wird politisch und ergreift Partei",[6] ohne dass ihm dies bewusst ist, und entwickelt entsprechend geringe Einsicht in die Notwendigkeit der Relativierung der eigenen Position und der argumentativen Auseinandersetzung mit anderen Positionen. Gegen diese Form der unbewussten Parteilichkeit wendet sich das zweite Prinzip des Beutelsbacher Konsenses. „Was in Wissenschaft und Politik kontrovers ist, muss auch im Unterricht kontrovers erscheinen." In diese Kontroverse müssen Lehrer/innen ihre politische Position als eine mögliche einbringen und zu anderen Positionen argumentativ in Beziehung setzen.

## Lehrerhandeln in unterschiedlichen Unterrichtssituationen

Man kann davon ausgehen, dass in der fachdidaktischen Diskussion heute weitgehend Einigkeit darüber besteht, dass Politiklehrer/-lehre-rinnen keine politisch neutralen Wesen sind, dass sie das Recht haben, Partei zu nehmen, das heißt, ihre politische Meinung und Position in den Unterricht einzubringen, und dass die Schüler/Schulerinnen auch ein Anrecht haben, die politische Position ihrer Lehrer/Lehrerinnen zu erfahren. Damit ist jedoch noch nichts über den Weg oder über die Methode gesagt, wie Lehrende mit ihrer politischen Position im Unterricht umgehen können. Dabei ist vor allem die Struktur der Lerngruppe zu berücksichtigen.[7]

Wenn die Lernenden sich für das Thema interessieren und in der Lerngruppe verschiedene politische Standpunkte repräsentiert sind, dann können Lehrer/innen sich stärker auf eine Moderatorenrolle zurückziehen. Im Vordergrund steht dann die Aufgabe, einen ange messenen organisatorischen und gruppendynamischen Arbeits- und Diskussionszusammenhang herzustellen. In Bezug auf ihre eigene politische Meinung sind Lehrer/innen gleichberechtigte Mitglieder der Gruppe. Ihre politische Meinung ist eine mögliche unter anderen, die argumentativ auch so vertreten werden muss. Damit verlieren sie die

Position des objektiv Wissenden, der über allen Kontroversen schwebt, und ihre Meinung erscheint den Schülerinnen und Schülern nicht als das Autorisierte oder das zu Lernende.

Wenn die Lerngruppe dagegen politisch einseitig ist, das heißt, die verschiedenen Standpunkte nicht repräsentiert sind und die Diskussion im Wesentlichen die Funktion hat, sich in der eigenen Meinung zu bestätigen, können Lehrerinnen und Lehrer sich nicht darauf beschränken, ihre eigene Position gleichberechtigt einzubringen. In diesem Fall müssen sie der vorherrschenden Meinung entgegensteuern; sie haben Korrekturfunktion, indem sie solche Standpunkte und Alternativen besonders herausarbeiten, die den Schülerinnen und Schülern von ihrer politischen und sozialen Herkunft her fremd sind und die in der Lerngruppe nicht präsent sind. Sie müssen sich diese Positionen nicht zu eigen machen, aber sie sollten sie anwaltschaftlich und überzeugend vertreten. Nur so kann es gelingen, die politische Kontroverse in den Unterricht hineinzutragen und den Lernprozess zu politisieren. Diese Intervention ist didaktisch begründet.

Derartige Interventionen können aber auch methodisch begründet sein. Notwendig werden sie dann, wenn die Lerngruppe uninteressiert und nicht bereit ist, eigene Standpunkte zu entwickeln, einzunehmen und in der Unterrichtsdiskussion zu vertreten. In einem solchen Fall können Lehrerinnen und Lehrer eine bewusst überzogene Position einnehmen und offensiv vertreten, um so die Klasse zu provozieren und zu versuchen, sie aus ihrer Apathie zu reißen. Dies wird nicht immer gelingen, in jedem Fall muss die Provokation jedoch selbst wieder im Unterricht aufgefangen, reflektiert, in ihrer methodischen Funktion erläutert und von der eigenen Meinung deutlich abgegrenzt werden.

Unabhängig von der jeweiligen Unterrichtssituation und der Struktur der Lerngruppe zielt das Handeln der Politiklehrer/-lehrerinnen immer darauf, die Lerngruppe in Kontroversen zu verwickeln. „Denn die Austragung von Kontroversen hat kritische Kraft und eignet sich nicht für einseitige Inanspruchnahme."[8]

## Anmerkungen

1  Zur Lehrerrolle vgl. u.a.: Sibylle Reinhardt, Die Konfliktstruktur der Lehrerrolle, in: Zeitschrift für Pädagogik, 24/1978, Nr. 4, S. 515 ff.; dies.: Kontroverses Denken, Überwältigungsverbot und Lehrerrolle, in: Gotthard Breit/Peter Massing (Hrsg.), Grundfragen und Praxisprobleme der politischen Bildung (Schriftenreihe der Bundeszentrale für politische Bildung, Bd. 305), Bonn 1992, S. 140-147; Hermann Giesecke, Methodik des politischen Unterrichts, München 1973, S. 24-40.

2  Hans-Georg Wehling, Konsens à la Beutelsbach? Nachlese zu einem Expertengespräch, in: Siegfried Schiele/Herbert Schneider (Hrsg.), Das Konsensproblem in der politischen Bildung, Stuttgart 1977, S. 178.

3  Bernhard Sutor, Neue Grundlegung politischer Bildung, Bd. II, Paderborn/München/Wien/Zürich 1984, S. 108.

4  Wolfgang Hilligen, Ziele des politischen Unterrichts – noch konsensfähig? In: Aus Politik und Zeitgeschichte, 15/1975, S. 5.

5  Vgl. Walter Gagel, Einführung in die Didaktik des politischen Unterrichts, Opladen 1983, S. 234 ff.

6  Bernhard Sutor (Anm. 3), S. 108.

7  Vgl. Paul Ackermann, Die Rolle des Lehrenden, in: Wolfgang Mickel/Dietrich Zitzlaff (Hrsg.), Handbuch zur politischen Bildung (Schriftenreihe der Bundeszentrale für politische Bildung, Bd. 264), Bonn 1988, S. 447-451; Sibylle Reinhard, Kontroverses Denken (Anm. 1).

8  Sibylle Reinhard, Kontroverses Denken (Anm. 1), S. 147.

## Neuere Literatur

Georg Weißeno (1995): Welche Wege zum Politischen werden Referendaren in der Ausbildung vermittelt? In: Peter Massing/Georg Weißeno (Hrsg.): Politik als Kern der politischen Bildung. Wege zur Überwindung unpolitischen Politikunterrichts, Opladen, S. 27-60.

Georg Weißeno (1995): Politiklehrerinnen und Politiklehrer. In: Peter Massing/Georg Weißeno (Hrsg.): Politik als Kern der politischen Bildung. Wege zur Überwindung unpolitischen Politikunterrichts, Opladen, S. 239-252.

Gotthard Breit/Georg Weißeno (2003): Planung des Politikunterrichts. Eine Einführung, Schwalbach/Ts., S. 44-48.

Georg Weißeno (2007): Professionalisierung. In: Georg Weißeno u.a. (Hrsg.): Wörterbuch Politische Bildung, Schwalbach/Ts., S. 314-321.

# Welche Bedeutung haben die schulischen Rahmenbedingungen für den Unterricht?

Wenn Lehrerinnen und Lehrer nach den Bedingungen fragen, die die Planung und die Durchführung von Politikunterricht beeinflussen, müssen sie auch die Schule als Institution berücksichtigen. Zu der Funktion der Schule in unserer Gesellschaft und den daraus resultierenden Problemen gibt es eine Fülle von Literatur.[1]

Im Vergleich dazu soll die Frage nach den schulischen Rahmenbedingungen hier sehr viel konkreter beantwortet werden. Ausgangspunkt sind nicht so sehr theoretische Überlegungen als Probleme, die sich aus dem Schulalltag ergeben.

## Lehrpläne und Rahmenrichtlinien

Lehrpläne und Rahmenrichtlinien sind von Bundesland zu Bundesland unterschiedlich. Sieht man einmal von der allgemeinen Kritik an den Rahmenrichtlinien ab, die in der Literatur mit den Begriffen „Historisierung" und „Entpolitisierung" der politischen Bildung umschrieben werden,[2] so sind Lehrpläne und Richtlinien staatliche Vorgaben, die je nach dem Grad ihrer Rigidität Lehrerinnen und Lehrer zu bestimmten Stoffen verpflichten und dadurch die freie Bestimmung der Unterrichtsinhalte einschränken. Bei aller inhaltlichen Kritik, die man an Lehrplänen und Rahmenrichtlinien üben kann, sie reglementieren die Lehrer/innen weit weniger, als diese das selbst empfinden und zum Teil auch als Rechtfertigung für ihren Unterricht behaupten. In der Regel sind Richtlinien für den Politikunterricht verhältnismäßig offen formuliert und enthalten kaum detaillierte Vorgaben. Sie eröffnen durchaus Gestaltungsmöglichkeiten und erfordern häufig Auswahlentscheidungen und Schwerpunktsetzungen für den Unterricht. Je größer allerdings der Entscheidungsspielraum der Lehrer/innen ist und je intensiver sie diesen nutzen, umso größer wird die Notwendigkeit, diese Entscheidungen zu begründen und zu rechtfertigen. Mit anderen Worten: Mehr Entscheidungskompetenz hat einen höheren Legitimationsdruck zur Folge. Die Notwendigkeit, Auswahlentscheidungen zu begründen und zu rechtfertigen, besteht einmal gegenüber sich selbst, aber auch gegenüber den Schülerinnen und Schülern, den Eltern und nicht zuletzt gegenüber der Öffentlichkeit und ihren Repräsentanten. Dabei hilft eine durchdachte Unterrichtsplanung. Je reflektierter die Unterrichtsplanung erfolgt, umso leichter wird es fallen, sie gegenüber unterschiedlichen Gruppen zu rechtfertigen (vgl. Planungsfragen 1, 2, 3).

## Schulbücher

Schulbücher müssen von den jeweiligen Kultusministerien genehmigt werden. Lehrerinnen und Lehrer sind also in der Wahl der Schulbücher eingeschränkt – ein Tatbestand, der immer wieder kritisiert wird. Fast jede Lehrerin und fast Jeder Lehrer kennt Schulbücher, die sie für besser halten als die, die sie gerade benutzen (dürfen). Allerdings spielt das Schulbuch im Politikunterricht im Vergleich zu den meisten anderen Schulfächern keine dominierende Rolle. Zum einen kann man die Darstellung des Schulbuches im Unterricht korrigieren, was allerdings zusätzliche didaktisch-methodische Vorbereitungszeit erfordert. Zum anderen gibt es wohl kaum ein anderes Unterrichtsfach, in dem so viele andere – auch kostenlose – Materialien zur Verfügung stehen. Vor allem die Vielzahl der Publikationen der Bundeszentrale für politische Bildung und der Landeszentralen für politische Bildung können hierbei genutzt werden. Auch Zeitungsausschnitte und Zeitschriftenartikel eignen sich, didaktisch aufbereitet, als Materialgrundlage für den Politikunterricht und können zur Ergänzung des Schulbuchs herangezogen werden.

## Der Stundenumfang des Faches

Die Bindung des Faches an Stundeneinheiten und der geringe Stundenumfang (politische Bildung ist in der Regel ein Einstundenfach, bestenfalls ein Zweistundenfach) werden von den Lehrerinnen und Lehrern als eines der Hauptprobleme bei der Unterrichtsplanung angeführt. Vor allem dann, wenn sie handlungsorientierte Methoden im Politikunterricht einsetzen wollen (Rollenspiele, Planspiele, Projektunterricht usw.), stoßen sie schnell an Grenzen. Die Möglichkeiten, Stunden zusammenzulegen oder mit Kollegen aus benachbarten Fächern zusammenzuarbeiten, hängen in hohem Maße vom allgemeinen Schulklima bzw. von der Kooperationsbereitschaft im Lehrerkollegium ab. Erfahrungen zeigen aber, dass hier häufig noch Chancen liegen, die aus unterschiedlichen Gründen nicht ausreichend genutzt werden. Eine weitere Möglichkeit besteht darin, dass Politiklehrerinnen und -lehrer verstärkt die anderen Fächer, die sie unterrichten, nutzen.

## Leistungsanforderungen

Lehrerinnen und Lehrer erziehen nicht aus eigenem Auftrag und nicht allein, sondern sie üben ein ihnen übertragenes Amt in einer öffentlichen Institution aus.[3] Dazu gehört auch, dass sie die Leistungen ihrer Schüler/innen bewerten müssen: Diese Aufgabe der Leistungsbewertung wird von vielen Lehrerinnen und Lehrern als eine große Belastung empfunden. Sie kann die notwendig offene Kommunikation im Politikunterricht stark beeinträchtigen. Wir haben diesem Problem eine eigene Frage gewidmet (vgl. Planungsfrage 13).

Zusammenfassend lässt sich festhalten, dass die schulischen Rahmenbedingungen vor allem in Form von Richtlinien, Rahmenplänen, Schulbüchern und durch den Umfang des Faches die Freiheit bei der Planung und Durchführung des Unterrichts einschränken. Die These jedoch, dass die Schule in unserer Gesellschaft vor allem eine

„verwaltete" und „rechtlich reglementierte" Schule sei, lässt sich nicht aufrechterhalten. Die Freiheit der Lehrerin und des Lehrers ist die Freiheit der Gestaltung des Unterrichts aus pädagogischer Verantwortung. Der Versuch, diese Freiheit in der Schule einzulösen, kann zu vielerlei Konflikten führen. Es ist notwendig, sich den Konflikten zu stellen und sie kämpferisch auszutragen, denn Politiklehrerinnen und -lehrer sollten sich immer vor Augen führen: „Politische Bildung ist kein Geschäft für Leisetreter und Opportunisten."[4]

## Anmerkungen

1  Zur Funktion der Schule in unserer Gesellschaft vgl. vor allem: Helmut Fend, Gesellschaftliche Bedingungen schulischer Sozialisation, Weinheim 1974.
2  Klaus Rothe (Hrsg.), Unterricht und Didaktik der politischen Bildung in der Bundesrepublik. Aktueller Stand und Perspektiven, Opladen 1989, S. 7 ff.
3  Bernhard Sutor, Neue Grundlegung politischer Bildung, Bd. II, Paderborn/München/Wien/Zürich 1984, S. 106 (vgl. auch S. 104-110).
4  Dies ist die Abwandlung der Aussage von Ernst Fraenkel „Politologie ist kein Geschäft für Leisetreter und Opportunisten". Vgl. ders., Die Wissenschaft von der Politik und die Gesellschaft, in: ders., Reformismus und Pluralismus, Hamburg 1973, S. 344.

## Neuere Literatur

Peter Massing (2005): Die Infrastruktur der politischen Bildung in der Bundesrepublik Deutschland – Fächer, Institutionen, Verbände, Träger. In: Wolfgang Sander (Hrsg.) Handbuch politische Bildung, Schwalbach/Ts., S. 62-78.

Peter Massing (2006):Trendbericht: Schulische politische Bildung. Konsolidierung oder neue Unsicherheiten, in: kursiv, Heft 4/2006, S. 46-53.

Peter Massing (2007): Schulformen. In: Georg Weißeno (Hrsg.): Wörterbuch politische Bildung, S. 346-355.

Peter Massing (2009): Der Einfluss der Bildungspolitik auf die schulische politische Bildung. In: kursiv. Journal für politische Bildung, Heft 4, S. 20-29.

Dirk Lange (2010) Monitor politische Bildung. Daten zur Lage der politischen Bildung in Deutschland, Schwalbach/Ts.

Darmstädter Appell

# Aufruf zur Reform der „Politischen Bildung" in der Schule

## Aufgaben Politischer Bildung

Politische Bildung hat die Aufgabe, die demokratische politische Kultur durch Erziehung zu festigen und zur Kontinuität demokratischer Entwicklung beizutragen. Ziel politischer Bildungsarbeit muss deshalb die Befähigung von Schülerinnen und Schülern zur Wahrnehmung ihrer Bürgerrolle in der Demokratie sein.

Zur Ausfüllung dieser Bürgerrolle benötigen die Menschen einer demokratischen Gesellschaft Kompetenzen:

*Wissen* über das Gesellschafts- und dabei insbesondere das politische System und seine Institutionen, über den Ablauf politischer Prozesse und die dabei geltenden Regeln und über die Alltagswirklichkeit von Politik mit ihren Spannungen zu den Verfassungsnormen;

*Einstellungen* wie die Bereitschaft, Meinungsvielfalt und Meinungskonkurrenz in einer pluralistischen Gesellschaft auszuhalten, sich an der Austragung von Konflikten zu beteiligen und Kompromisse zu ertragen;

*Fähigkeiten* wie Handlungs- und Gestaltungskompetenz zur Nutzung von Partizipationschancen sowie Entscheidungs- und Problemlösungsfähigkeit.

Die Schule ist nicht der einzige Ort politischen Lernens. Noch nie waren die sozialen Bezüge der Herausbildung von Interessen, Meinungen und Überzeugungen aber so vielfältig und variabel wie in der heutigen offenen Gesellschaft. Deshalb kommt der Politischen Bildung in der Schule mit ihrer Möglichkeit zur bewussten Erziehung eine besondere Rolle zu. Nur in den allgemeinbildenden und den berufsbildenden Schulen begegnen sich alltäglich Heranwachsende aus allen Bevölkerungsgruppen, und nur die Schule erreicht auch alle Heranwachsenden. Hier kann der Zufälligkeit von Information und der Beliebigkeit von Meinungen entgegengewirkt werden und besteht die Möglichkeit zur Erprobung des notwendigen kritischen Umgangs mit Medien und Massenkommunikation.

Allein in der Schule kann also den heranwachsenden Bürgerinnen und Bürgern durch einen ebenso systematischen wie kontinuierlichen Fachunterricht der Erwerb eines verlässlichen Orientierungswissens ermöglicht werden.    ....

*Den vollständigen „Darmstädter Appell" finden sie in:*
*politische bildung 1995, H. 4, S. 139-143*

# Organisation des Lernprozesses

Auf dieser dritten Ebene beziehen sich die Planungsaufgaben für den Politikunterricht auf das Wie des Unterrichts. Das heißt, Lehrerinnen und Lehrer denken hier darüber nach, wie unter Berücksichtigung der Unterrichtsbedingungen (vgl. die Planungsfragen 6, 7, 8) der Lernprozess im Politikunterricht so in Handlungsfolgen organisiert werden kann, dass sich sowohl die allgemeinen Ziele des Politikunterrichts als auch die konkrete didaktische Perspektive der Unterrichtseinheit (vgl. Planungsfrage 3) realisieren lassen. Dabei sind Planungsentscheidungen zu treffen, die sich auf die Verlaufsstruktur des Unterrichts beziehen, auf die Kommunikationsformen, die Methoden und Arbeitstechniken, auf den Einsatz von Medien und auf die Ergebniskontrolle.

# Kapitel 9

# Welche Verlaufsstruktur eignet sich für den Politikunterricht?

Bei der Organisation des Lernprozesses besteht eine wichtige Planungs-
aufgabe darin, den Unterrichtsverlauf zweckmäßig und einsehbar zu
gliedern, das heißt, das Handeln der Lehrerin und des Lehrers und
die Tätigkeiten der Schülerinnen und Schüler in einen Verlaufsplan
zu ordnen. Im Mittelpunkt der Planungsaufgaben steht jetzt die
dynamische Seite des Unterrichts als Prozess.[1] Die Vorstellung, der
Unterricht müsse in Handlungsfolgen gegliedert werden, ist eng verknüpft mit der Tradition und Geschichte der allgemeinen Didaktik
und der Pädagogik. Im Laufe ihrer Entwicklung hat es immer wieder
neue Versuche gegeben, ein theoretisch anspruchsvolles und empirisch
abgesichertes Stufenschema des Unterrichts zu entwickeln, um auf diese
Weise dem Unterricht eine konstante und reproduzierbare Struktur
zu geben. Jahrzehntelang galten die „Formalstufen" von Herbart als
verbindlich, die von Wilhelm Rein und anderen Herbartianern in eine
„Technik des Lektionenhaltens" umformuliert und weiterentwickelt
wurden.[2]

Bei diesen, aber auch bei den meisten danach entwickelten und
gebräuchlichen Stufenschemata bestand und besteht jedoch in der
Praxis immer die Gefahr, den Unterricht in ein starres Korsett zu
zwängen, auch dann, wenn von den Didaktikern selbst immer wieder
betont wird, dass diese Hilfen eben kein starres Schema bedeuteten,
an das sich jeder in jeder Unterrichtsstunde unbedingt halten müsse.

## Stufenschema nach Herbart und Rein

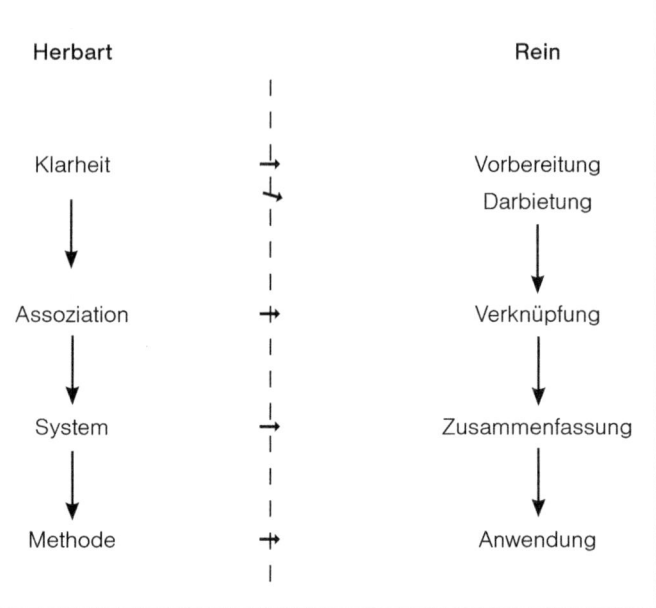

Herbart                                    Rein

Klarheit                                    Vorbereitung
                                            Darbietung

Assoziation                                Verknüpfung

System                                     Zusammenfassung

Methode                                    Anwendung

Eine Einzelstunde oder eine Unterrichtseinheit soll zwar für Lehrende und Lernende einen gleichermaßen einsichtigen und nachvollziehbar gegliederten Aufbau haben, aber die Lehrer/innen müssen auch die Freiheit besitzen, ihre je eigene Gliederung des Lernprozesses (Artikulationsschema) zu entwerfen, die den Leistungen ihrer Schüler/innen und dem Stoff angemessen ist.

## Unterrichtsverlauf und Phasenmodell

Auch in der Politikdidaktik hat fast jeder Didaktiker ein eigenes spezifisches Verlaufsmodell entwickelt, jedoch meist nur ein einziges, so dass leicht der Eindruck entsteht, als könne es für den politischen Unterricht nur ein verbindliches Schema geben.[3] Von der Fachdidaktik

| | Ziele |
|---|---|
| 1. Einstiegsphase | Präsentation des Problems, Motivation, Herausfinden von Meinungen und Vorprägungen der Schülerinnen und Schüler, Herausarbeitung des Themas, Themenstrukturierung, Methodenplanung, ... |
| 2. Informationsphase | Informationserarbeitung, Ermittlung der für die Fragestellung (Thema) relevanten Sachverhalte, Fakten, Kategorien, Problemanalyse, ... |
| 3. Anwendungsphase | Informationsverarbeitung, strukturierte Verknüpfung von Informationen, Analyse von Beziehungen, Verallgemeinerungen, Generalisierungen, Transfer, ... |
| 4. Problematisierungsphase | Urteilsbildung, Vergleich und Bewertung kontroverser Positionen, Gewinnen einer eigenen begründeten Entscheidung, Gewinnen einer Handlungsorientierung, Erkennen von Möglichkeiten konkreter politischer Beteiligung, ... |
| 5. Metakommunikation | Gemeinsames Nachdenken über die Vorgehensweise im Unterricht, Stärken und Schwächen der Unterrichtskommunikation, der angewandten Methoden und Materialien, ... |

insgesamt wird den Lehrerinnen und Lehrern eine Vielzahl von Verlaufsmodellen angeboten, für die Auswahl fehlen ihnen jedoch meist begründete Kriterien. Schaut man allerdings genauer hin, lässt sich, unabhängig von der jeweiligen fachdidaktischen Akzentuierung und der unterschiedlichen Begrifflichkeit, in fast allen Verlaufsmodellen der Fachdidaktik eine weitgehend gemeinsame formale Gliederung des politischen Unterrichts in einzelne Phasen erkennen, die zeitlich aufeinanderfolgen.

Dieses Phasenmodell legt Politiklehrerinnen und -lehrer nicht auf ein bestimmtes Strukturschema Politischen Unterrichts fest und gibt ihnen ausreichend Raum für notwendige eigene Konkretisierungen.

Im Prinzip lassen sich fünf Phasen unterscheiden, denen jeweils bestimmte Ziele zugeordnet werden können.

In dieser Phaseneinteilung bilden die Informationsphase, die Anwendungsphase und die Problematisierungsphase den Kern des Politikunterrichts. Dies bedeutet jedoch nicht, dass die Einstiegsphase und die Phase der Metakommunikation weniger wichtig wären. Im Gegenteil, beiden Phasen kommt eine besondere Bedeutung zu:

## Die Einstiegsphase

Der Einstieg soll das Thema des Unterrichts in einer die Schülerinnen und Schüler motivierenden Weise präsentieren. Dabei ist der Einstieg mehr als ein Aufhänger, der die Schülerinnen und Schüler täuschen und etwas ganz anderes und in der Regel Langweiligeres schmackhaft machen soll. Der Einstieg enthält vielmehr die Sache selbst, das zu untersuchende Problem, den zu bearbeitenden Konflikt.[4] Der Einstieg sollte das Thema in seinen wichtigsten Aspekten bereits vorstellen und die Aufgaben erkennbar werden lassen, um die es gehen wird. Er sollte zum Kern des Unterrichts in der Weise hinführen, dass im weiteren Verlauf immer klar ist, „dass man bei der Bearbeitung von Problemen ist, die im Einstieg schon eine Rolle gespielt haben. Der Einstieg hat insofern integrierende Funktion; er verhindert, dass der Unterricht, wenn es kompliziert wird, eine eigene Dynamik entfaltet, die sich von dem löst, was ursprünglich eigentlich geklärt werden sollte".[5] Im Einstieg wird darüber hinaus die objektive Dimension des Unterrichts mit der subjektiven Dimension des Unterrichts verknüpft, indem in dieser Phase die Lehrerin oder der Lehrer nicht nur erste sachliche Zusammenhänge strukturiert, sondern auch die Beziehungen thematisiert, die die Schülerinnen und Schüler zur Sache haben.

## Metakommunikation

Eine ganz andere Aufgabe hat die fünfte Phase, die Metakommunikation. Metakommunikation heißt „Sprechen über den Unterricht". Was ist gut gelaufen? Was ist weniger gut gelungen? Woran hat es gelegen? Wie verlief die Unterrichtskommunikation? Was waren die Stärken und Schwächen des Materials? Was haben die eingesetzten Unterrichtsmethoden gebracht? Haben wir unsere Ziele erreicht? Was können wir in Zukunft besser machen? Dies sind Schlüsselfragen, die im Rahmen der Metakommunikation gestellt werden können. Metakommunikation muss sich allerdings nicht immer zu einer eigenen Phase ausweiten und sie muss auch nicht regelmäßig als fünfte Phase, im Anschluss an den Unterricht, erfolgen. Immer dann, wenn etwas im Verlauf des Unterrichts misslingt, sollten ad hoc die Schülerinnen und Schüler gemeinsam mit Lehrerinnen und Lehrern nach den Gründen fragen, also eine Phase der Metakommunikation einlegen. Dennoch kann es auch sinnvoll sein, im Anschluss an eine Unterrichtseinheit eine solche Phase bewusst zu planen und durchzuführen, vor allem, um die methodischen und kommunikativen Fähigkeiten der Schülerinnen und Schüler zu stärken.

„Metakommunikation hat … generell einen Inhalts- und einen Beziehungsaspekt und muss daher zwei Fragedimensionen beachten: Es geht erstens um die Verbesserung des Umgangs mit den Gegenständen und Materialien; … es geht aber zweitens auch um die Verbesserung des Kommunikationsstils, des Umgangs miteinander in Richtung auf politische Rationalität."[6] (Vgl. Planungsfrage 10)

## Die drei Hauptphasen

In den drei Hauptphasen des politischen Unterrichts bilden die Schüler/innen, zunächst noch unter Anleitung der Lehrer/innen, dann zunehmend selbstständig, mit Hilfe von Analyse- und Urteilskategorien (vgl. Planungsfragen 1, 2, 5) Schlüsselfragen.

Welche Schlüsselfragen in den jeweiligen Phasen eine Rolle spielen können, soll am Beispiel „Tarifauseinandersetzungen" verdeutlicht werden:[7]

**Informationsphase**

– Was sind die rechtlichen Grundlagen von Tarifverhandlungen und Arbeitskämpfen?
– Was ist der Gegenstand der Tarifverhandlungen?
– Wer sind die Kontrahenten im Tarifkonflikt?
– Welche Interessen vertreten die Kontrahenten und wie werden sie gegenüber der Öffentlichkeit dargestellt?
– Was sind die Voraussetzungen der Tarifparteien für den Arbeitskampf?
– Welche Kampfmittel stehen den Tarifparteien zur Verfügung?
– Besitzt der Staat ein Eingriffsrecht in die Tarifauseinandersetzungen?
– Welche Ergebnisse und Auswirkungen haben die Tarifverhandlungen?
– …?

**Anwendungsphase**

– Wie sind die Ausgangsziele der Konfliktparteien zu beurteilen?
– Nach welchen Prinzipien soll ein Konflikt zwischen Arbeitgebern und Arbeitnehmern geregelt werden?
– Welche Bedeutung hat das Ergebnis des Tarifkonflikts für die abhängig Beschäftigten und für die Arbeitgeber?
– Ist das Ergebnis des Tarifkonflikts für die Öffentlichkeit annehmbar?
– …?

**Problematisierungsphase**

– Wie sind die „Kampfspiele" von Arbeitgebern und Gewerkschaften zu beurteilen, sind Streik und Aussperrung gleiche Mittel im Arbeitskampf?
– Von welcher der Tarifparteien werden meine zukünftigen Interessen nach Eintritt in die Arbeitswelt vertreten?
– Muss ein Arbeitnehmer Solidarität und Konfliktbereitschaft zeigen?

- Unter welchen Bedingungen stimme ich künftig einer harten Verhandlungsführung (einschließlich Arbeitskampf) zu?
- Ab wann kann ich ein Kompromissergebnis annehmen?
- ...?

Gliedern Politiklehrerinnen und -lehrer den Verlauf ihres Politikunterrichts mit Hilfe des Phasenmodells, so organisieren sie damit gleichzeitig den Lernprozess im Wesentlichen als einen dialogischen, sach- und zielbezogenen Bearbeitungs- und Erkenntnisprozess. Das heißt, die einzelnen Phasen gliedern den Unterricht nicht nur in einem zeitlichen Nacheinander, sondern sie bilden auch ein Stufenmodell und zwar in einem doppelten Sinne. Zum einen ist das Erreichen der nächsthöheren Stufe bzw. der nächsten Phase nur möglich, wenn die in den vorangegangenen Phasen von den Schülerinnen und Schülern zu erbringenden Leistungen auch tatsächlich beherrscht werden. Jede Stufe bzw. jede Phase wirkt in die andere hinein. Zum anderen erhöhen sich die Anforderungen, die an die Fähigkeiten und Leistungen der Schülerinnen und Schüler gestellt werden, von der Informationsphase über die Anwendungsphase bis hin zur Problematisierungsphase, wobei auch hier die Fähigkeiten in der Regel einander bedingen.

Trotz unterschiedlicher Akzentuierungen in den jeweiligen fachdidaktischen Konzeptionen und unabhängig von dem Tatbestand, dass es sinnvoll sein kann, aufgabenspezifische Verlaufsschemata im Politikunterricht zu verwenden, besteht weitgehend Einigkeit darüber, dass der Unterrichtsverlauf als Handlungsfolge zu verstehen ist und dass die Handlungen nicht getrennt sind, sondern einander voraussetzen.

Es bietet sich daher an, Politikunterricht zunächst über Handlungsphasen zu gliedern. Der Stufencharakter des Phasenschemas lässt sich aber noch intensivieren und der Lernprozess als Erkenntnisprozess noch dadurch zuspitzen, dass in den Phasenablauf die Erkenntnisebenen konkret und abstrakt integriert werden.

## Unterrichtsverlauf und Abstraktionsstufen

Die Verknüpfung des Phasenschemas mit den Erkenntnisebenen konkret und abstrakt muss immer dann gegeben sein, wenn der Politikunterricht exemplarisch angelegt ist (vgl. Planungsfrage 4). Dies lässt sich vielleicht am besten am Beispiel der bekanntesten Anwendung des exemplarischen Prinzips, der Fallanalyse, verdeutlichen.

Die Fallanalyse ist ein wichtiger didaktisch-methodischer Weg, Ziele des politischen Unterrichts zu erreichen, wenn auch nur einer von mehreren, denn „nicht alle wichtigen Probleme aktualisieren sich in einem Fall"[8]. Dennoch zeigen vielfältige Erfahrungen in der Lehrerfort- und -weiterbildung, dass Politiklehrerinnen und -lehrer das Fallprinzip häufig bevorzugen. Sie halten die Arbeit mit Fällen im Politikunterricht für besonders motivierend, da sie in der Regel für Schülerinnen und Schüler überschaubare Episoden abbilden und ihnen einen Bezug zu ihren bisherigen Erfahrungen und Einstellungen sowie zu ihren zukünftigen Lebenssituationen ermöglichen. Die große Bedeutung, die Lehrerinnen und Lehrer „dem Fall" für die Motivation der Schülerinnen und Schüler zuschreiben, führt jedoch häufig dazu, dass er nur als bloßer Aufhänger dient oder nur als Einstieg genutzt wird. Eine solche Vorgehensweise verschenkt dann letztendlich die Chancen, die in der Fallstudie liegen. Entscheidend für dieses didaktisch-methodische Vorgehen ist, dass der Fall durchgehend Gegenstand des Unterrichts ist. Für die Auswahl des Falles bedeutet dies, dass er erstens tatsächlich konkret ist, das heißt, er muss sich Personen, Organisationen oder Gruppen zuordnen lassen,[9] und dass er zweitens tatsächlich exemplarisch für einen allgemeinen Sachverhalt ist und dass sich das Prinzipielle und Verallgemeinerbare an ihm erarbeiten und verdeutlichen lassen. Die Fallstudie stellt das Besondere und Konkrete in den Mittelpunkt des Unterrichts und führt dann über Abstraktion zur Generalisierung und zu allgemeinen Erkenntnissen, die sich dann auf dem Weg der Rekonkretisierung wieder auf andere Fälle oder andere politische Sachbereiche anwenden lassen. „Dieser Pulsschlag von Abstraktion und Rekonkretisierung kennzeichnet das didaktische (...) Denken: er ermöglicht den Aufbau kognitiver Strukturen."[10]

Integriert man die Erkenntnisebenen abstrakt und konkret in das Phasenmodell eines Fallbeispiels, ergibt sich folgende Verlaufsstruktur:[11]

| | |
|---|---|
| 1. Einstieg | Konfrontation mit dem Fall, Beziehung zur Lebenswelt der Schülerinnen und Schüler, ... |
| 2. Informationsphase | Information über das bereitgestellte Fallmaterial und durch selbstständiges Erschließen von Informationsquellen; Fragen aus der Innenperspektive, Fragen aus der Außenperspektive, ... |
| 3. Anwendungsphase | Analyse und Interpretation von Merkmalen, Vorgängen und Begebenheiten, Formulierung von Zusammenhängen und Erkenntnissen, die sich aus dem Fall ergeben, ... |
| 4. Problematisierungsphase | Generalisierung und Verallgemeinerungen der Erkenntnis, Übertragung der Verallgemeinerungen auf andere Fälle oder politische Sachverhalte, Rekonkretisierung, ... |

In diesem Verlaufsmodell ist der Arbeits- und Erkenntnisprozess so organisiert, dass er vom Konkreten zum Abstrakten und wieder zurück verläuft. Prinzipiell ist auch der umgekehrte Weg, vom Abstrakten zum Konkreten und wieder zum Abstrakten, denkbar und möglich. Ob ein induktiver oder ein deduktiver Lernweg beschritten wird, kann letztlich nur die Lehrerin und der Lehrer unter besonderer Berücksichtigung der Unterrichtsbedingungen entscheiden. Der Vorteil der Fallanalyse liegt darin, dass es dabei gelingen kann, das Erfahrungswissen und die Alltagstheorien der Schüler/innen (das Konkrete) mit wissenschaftlichen Kenntnissen und Erkenntnissen (das Abstrakte) zu verknüpfen.

## Unterrichtsverlauf und Horizonterweiterung

Ein anderes und in mehrerer Hinsicht eigenständiges Verlaufsmodell von Unterricht ergibt sich, wenn der Politikunterricht nicht in erster Linie nach Handlungsphasen eingeteilt wird, sondern wenn Lehrer/innen die schrittweise Erweiterung des Horizonts als zentrales Gliederungsprinzip verwenden. Die einzelnen Unterrichtsabschnitte als Stufenschema ergeben sich aus der jeweiligen Reichweite der Probleme, die im Unterricht behandelt werden. Die Schritte der Horizonterweiterung lassen sich am Beispiel „Armut" verdeutlichen.

In dieser Verlaufsstruktur des Politikunterrichts ist der Lernprozess so organisiert, dass der Problemhorizont von Schülerinnen und Schülern über die subjektive Wahrnehmung des Individuellen hinaus auf nationale, insbesondere aber auf internationale und globale Problemlagen erweitert wird. Die Planung eines Unterrichtsverlaufs, der dem Gliederungsprinzip der Horizonterweiterung folgt, kann aber auch nicht völlig auf eine Strukturierung nach Phasen verzichten. Die drei Hauptphasen sind in den einzelnen Schritten der Horizonterweiterung integriert. Das heißt, jede Stufe des Verlaufsmodells, die einen eigenen Unterrichtsabschnitt bildet, ist in sich noch einmal gegliedert in die Phasen Information – Anwendung – Problematisierung. Damit läuft in jedem Unterrichtsabschnitt im Kern ein selbstständiger dialogischer Erarbeitungs- und Erkenntnisprozess ab, der Voraussetzung für den Schritt auf die nächste Stufe ist. Diese Phasenstrukturierung der einzelnen Stufen kann jedoch vom idealtypischen Ablauf des allgemeinen Phasenmodells abweichen etwa in dem Sinne, dass eine Phase einmal besonders schnell, die andere besonders langsam durchlaufen oder eine Phase einmal völlig übersprungen wird. Die Komplexität dieses Verlaufsmodells führt dazu, dass es in der Regel, insbesondere dann, wenn die Horizonterweiterung bis zu den „Globalen Problemen" vordringen soll, nur für längere Unterrichtssequenzen geeignet ist. Dennoch sollten Lehrer/innen auch einmal einen solchen Politikunterricht versuchen. Der Brückenschlag von den individuellen Problemen bis hin zu den globalen Menschheitsproblemen bildet einen wichtigen Bereich in der politischen Bildung. Insbesondere die Erweiterung

| Schritte der Horizonterweiterung: | Problemreichweite |
|---|---|
| Ausgangspunkt/Einstieg | Individuelles Problem: Armut aus der Sicht der betroffenen Individuen: physische Seite (Sicherung von Nahrung, Kleidung, Wohnung), psychosoziale Seite (Armut als soziale Diskriminierung), ... |
| Erster Schritt | Regionales Problem: Situation sozialer Randgruppen in Ballungsgebieten, Problematik strukturschwacher Gebiete, ... |
| Zweiter Schritt | Nationales Problem: Fragen der sozialen Sicherung, Probleme der Sozialpolitik, des Sozialrechts, Zukunft des Sozialstaats, ... |
| Dritter Schritt | Internationales/Globales Problem: Probleme der Unterentwicklung, Ungleiche Verteilung von Ressourcen, unterschiedliche Entwicklungsstufen von Gesellschaften, Nord-Süd-Konflikt, ... |

des Blickfeldes bzw. des Horizontes der Schüler/innen in Richtung der internationalen und globalen Aspekte eines Problems kann dazu führen, dass sich das notwendige Bewusstsein von der „Einen Welt" herausbildet, deren Entwicklungen ihr eigenes Leben und ihre Zukunft ebenso wie die aller übrigen Menschen, wenn auch je nach Land in unterschiedlichem Ausmaß, erfassen und bestimmen.[12]

## Anmerkungen

1   Vgl. Walter Gagel, Unterrichtsplanung: Politik, Sozialkunde, Opladen 1986, S. 205.

2   Vgl. Hilpert Meyer, Leitfaden zur Unterrichtsvorbereitung, Königstein ²1980 S. 338.

3   Vgl. Walter Gagel (Anm. 1), S. 208. Als Beispiele: Bernhard Sutor:
   – Einstieg (Vorphase)
   – Was ist? (1. Hauptphase)
   – Was ist politisch möglich? (2. Hauptphase)
   – Was soll geschehen? (3. Hauptphase)
   –Transfer und Kontrolle, Metakommunikation (Abschlussphase) Vgl. Bernhard Sutor, Politische Bildung als Praxis, Schwalbach/Ts. 1992, S. 25.
   *Wolfgang Hilligen:*
   1. Konfrontation mit einer problemhaltigen Situation, einem Fall, und Erkenntnis der subjektiven, objektiven Betroffenheit.
   2. Erkenntnis und ggf. Herausschälen des Problems in seiner „allgemeinen Bedeutung" (1. Hypothesenbildung).
   3. (Erste) Frage nach den für die Beurteilung notwendigen Fakten. (Was muss man wissen, wenn man sich damit auseinandersetzen will?)
   4. Möglichkeiten der Lösung (2. Hypothesenbildung)
   5. Beurteilung der Lösung in Bezug auf partielle/allgemeine Interessen (Antizipation der Konsequenzen der Möglichkeiten).
   6. a) Möglichkeiten konkreter politischer Beteiligung („Handeln").
   6. b) Übertragung auf andere, ähnliche Situationen/Probleme (Weiter--„Denken").
   Vgl. Wolfgang Hilligen, Zur Didaktik des politischen Unterrichts, in: Gotthard Breit/Peter Massing (Hrsg.), Grundfragen und Praxisprobleme der politischen Bildung (Schriftenreihe der Bundeszentrale für politische Bildung, Bd. 305), Bonn 1992, S. 204.
   *Walter Gagel* entwickelt eine Reihe von unterschiedlichen, aufgabenspezifischen Verlaufsmodellen. Vgl. ders. (Anm. 1), S. 205 ff.

4   Vgl. Hermann Giesecke, Didaktik der politischen Bildung – Neue Ausgabe, München ⁸1973, S. 199 ff.

5   Vgl. Hermann Giesecke, Methodik des politischen Unterrichts, München 1973, S. 116.

6   Vgl. zur Metakommunikation vor allem Bernhard Sutor, Neue Grundlegung politischer Bildung, Bd. II, Paderborn/München/Wien/ Zürich 1984, S. 99 f.

7   Die Fragen sind dem Unterrichtsbeispiel von Gerhard Himmelmann u.a. entnommen, Tarifautonomie und Arbeitskampf – am Beispiel des Konflikts in der Druckindustrie 1978, in: Gotthard Breit/Peter Massing (Hrsg.), (Anm. 3), S. 615.

8   Wolfgang Hilligen, Zur Didaktik des politischen Unterrichts, Opladen ⁴1985, S. 206.

9  Vgl. Walter Gagel, Einführung in die Didaktik des politischen Unterrichts, Opladen 1983, S. 50 ff.

10  Wolfgang Hilligen (Anm. 3), S. 292.

11  Vgl. zur Verlaufsstruktur bei Fallstudien Franz Josef Kaiser, Fallmethode und Fallprinzip, in: Wolfgang Mickel/Dietrich Zitzlaff (Hrsg.), Handbuch zur politischen Bildung (Schriftenreihe der Bundeszentrale für politische Bildung, Bd. 264), Bonn 1988, S. 369 ff.

12  Zur globalen Lernebene vgl. bes. die Arbeiten von Gotthard Breit u.a., Lassen sich Herausforderungen verstehbar und erfahrbar machen? In: Bernhard Claußen/Walter Gagel/Franz Neumann (Hrsg.), Herausforderungen – Antworten. Politische Bildung in den neunziger Jahren, Opladen 1991, S. 299-312. Die Grundlage für den globalen Bezug bildet die didaktische Konzeption von Wolfgang Hilligen. Vgl. ders. (Anm. 8).

## Neuere Literatur

Gotthard Breit/Peter Massing (Hrsg.) (2002): Die Rückkehr des Bürgers in die politische Bildung, Schwalbach/Ts., Unterrichtsbeispiele, S. 172-259.

Gotthard Breit/Georg Weißeno (2003): Planung des Politikunterrichts. Eine Einführung. Schwalbach/Ts., S. 79-88.

Kurt Lach/Peter Massing (2007): Unterrichtsphasen. In: Siegfried Frech u.a.: Methodentraining für den Politikunterricht II, Schwalbach/Ts., S. 205-238.

# Kapitel 10

# Welche Kommunikationsformen sind dem politischen Unterricht angemessen?

Nach der Strukturierung des Unterrichtsverlaufs ist zu prüfen, welche Kommunikationsstruktur sich daraus ergibt und ob diese dem geplanten politischen Unterricht angemessen ist. Zwar vollzieht sich alle zielbezogene Unterrichtsarbeit im Miteinanderverhandeln und Miteinandersprechen der Beteiligten, in Interaktion und Kommunikation,[1] aber Politik unterscheidet sich von anderen Schulfächern auch dadurch, dass in diesem Unterricht der Kommunikation eine besondere Bedeutung zukommt. Durch Kommunikation werden nicht nur Inhalte vermittelt, sondern auch sozialer Sinn hergestellt, und im Kommunikationsprozess werden nicht nur Wissen, sondern auch Sozialerfahrung und soziale Kompetenz vermittelt.[2] Daher ist die Verwirklichung der Ziele des Politikunterrichts in hohem Maße abhängig von der Struktur der Unterrichtskommunikation.

Sowohl der Beutelsbacher Konsens, der unter anderem die Überwältigung von Schülerinnen und Schülern verbietet, als auch die Forderung, Politikunterricht habe Schüler/innen zum selbstständigen Urteil zu befähigen, verlangt eine entsprechende Unterrichtskommunikation. Erziehung zur Demokratie, zu demokratischen Lebensformen und zu demokratischem Verhalten kann nur gelingen, wenn auch die Kommunikation im Politikunterricht demokratischen Anforderungen entspricht.[3] Dies wissen eigentlich alle, die das Fach unterrichten, und sie sind subjektiv auch überzeugt, dass die Kommunikation in ihrem Unterricht diesen Anforderungen genügt. Nun gibt es jedoch empirische Belege dafür, dass die Selbsteinschätzung der Lehrer/innen im Widerspruch zur Unterrichtsrealität steht. Der Redeanteil der „tüchtigen Durchschnittslehrer" liegt zwischen 60 Prozent und 80 Prozent, Frontalunterricht ist die vorherrschende Sozialform des Unterrichts und auch im Politikunterricht dominiert nach wie vor das gelenkte Unterrichtsgespräch.[4] Die Schüler/innen sehen sich häufig an den Rand des Unterrichtsgeschehens gedrängt, verbleiben in der Rolle der Konsumenten oder fungieren als Stichwortgeber zur Strukturierung des Redeanteils der Lehrer/innen. Gerade die im Kontrast dazu stehende Selbsteinschätzung der Lehrer/innen und die Tatsache, dass sie sich ihrer Gesprächsdominanz nicht bewusst sind, machen es umso dringlicher, dass immer wieder, schon bei der Unterrichtsplanung, ein Hauptaugenmerk auf die kommunikative Seite des Unterrichts gerichtet wird. Dazu ist es notwendig, dass Lehrerinnen und Lehrer sich regelmäßig fragen, inwieweit ihr Unterricht die Bedingungen einer demokratischen Unterrichtskommunikation erfüllt.

Auf der instrumentalen Ebene müssen sie sich fragen:

— Inwieweit ermögliche ich in meinem Unterricht Schülerinnen und Schülern, sich möglichst umfassend zu beteiligen?

— Wie kann ich meinen Redeanteil zugunsten des Anteils von Schülerinnen und Schülern vermindern?

— Wie lässt sich eine Einbahnkommunikation Lehrer/in – Schüler/in vermeiden und die Diskussion zwischen den Schülerinnen und Schülern fördern?

— Können die Lernenden bei der Wahl des Themas, über den Lernprozess und über die Beurteilung des Lernprozesses mitbestimmen?

— Ist die Kommunikation zwischen Lehrenden und Lernenden gleichberechtigt? Sind Lehreräußerungen reversibel (was A zu B sagt, muss auch B zu A sagen können)?

Auf der emotionalen Ebene müssen sie sich fragen:

— Nehme ich Partei für den Lernenden, das heißt, lebt „über die ungebrochene Solidarität zum Lernenden die Idee der Achtung, der Akzeptanz der Person und ihres Wertes ...(?)"[5].

Auf der rationalen Ebene müssen sie sich fragen:

– Leiste ich einen Beitrag zur Erweiterung der Wissensbasis als Grundlage der Begründung rationaler Urteile über politische Sachverhalte?

– Dient die Kommunikation der Verständigung und Konsensfindung über die Legitimität allgemein anerkannter gesellschaftlicher Normen (zum Beispiel der Humanverträglichkeit, Sozialverträglichkeit und Umweltverträglichkeit) als Basiswerte einer gesellschaftlich-politischen Rationalität? (Vgl. Planungsfrage 5).

Ein demokratischer Kommunikationsstil bedeutet aber nicht, dass Lehrerinnen und Lehrer ihre Rolle aufgeben. Insofern kann Kommunikation im Unterricht nur begrenzt symmetrisch sein. Lehrerinnen und Lehrer müssen verantwortlich bleiben für den Unterrichtsprozess insgesamt. Ihr Kompetenzvorsprung rechtfertigt ihre Lehrerrolle.

Demokratische Unterrichtskommunikation gelingt jedoch nur im Idealfall. Neben gesellschaftlichen und institutionellen Hindernissen (vgl. Planungsfrage 8) können Kommunikationsbarrieren von den Schülerinnen und Schülern selbst ausgehen, aber auch in der Person und den Fähigkeiten der Lehrerin oder des Lehrers liegen.[6]

Neben emotionalen Kommunikationssperren, psychischen Problemen und Kontaktschwierigkeiten, die nicht spezifisch sind für politische Bildung, entstehen Kommunikationsstörungen im Politikunterricht auch durch die hohen inhaltlichen Anforderungen dieses Faches. Häufig wird die Chance auf einen produktiven Lern- und Kommunikationsprozess verschenkt, weil das vage, vielfach von Medien bestimmte Politikbild von Schülerinnen und Schülern, ihre negativ-kritische Haltung zur Politik lediglich bestätigt wird. Politikunterricht verflüchtigt sich in die Unverbindlichkeit privatisierender politischer Meinungsäußerungen und Kommunikation degeneriert zum bloßen „Sprechen über", was alle Vorurteile, nicht nur von Jugendlichen, Politik sei ein „Laberfach", nur bestätigt. In einem solchen Unterricht gelingt es auch nicht, Schüler/innen für Politik zu motivieren und zu interessieren, was dazu führen kann, dass Lehrer/innen auf vermeintlich sichere und motivierendere Bereiche ausweichen, auf die Ebene der Lebenshilfe und des sozialen Lernens. Werden diese Ebenen jedoch nicht geplant angesteuert, sondern nur als Ausweichstrecke eines misslingenden Politikunterrichts genutzt, werden die Chancen, die in einem solchen Unterricht für die politische Bildung liegen, ebenfalls vertan.

Eine wichtige Aufgabe schon bei der Planung und Organisation von Politikunterricht besteht also darin, sich mögliche Kommunikationsbarrieren bewusst zu machen und bei auftretenden Kommunikationsstörungen im Unterricht diese gemeinsam mit Schülerinnen und Schülern zu reflektieren (Metakommunikation).

## Anmerkungen

1  Walter Gagel, Zur Gestaltung der Unterrichtskommunikation, in: ders./Dieter Menne (Hrsg.), Politikunterricht. Handbuch zu den Richtlinien NRW, Düsseldorf 1988.
2  Ebenda.
3  Wolfgang Hilligen, Zur Didaktik des politischen Unterrichts 1, Opladen 1985.
4  Vgl. Klaus Hage/Heinz Bischoff/Horst Dichanz/Klaus D. Eubel/Heinz-Jörg Oehlschläger/Dieter Schwittmann, Das Methoden-Repertoire von Lehrern. Eine Untersuchung zum Schulalltag der Sekundarstufe 1, Opladen 1985.
5  Sybille Reinhardt, Arbeitsstile, in: Wolfgang Mickel/Dietrich Zitzlaff (Hrsg.), Handbuch zur politischen Bildung (Schriftenreihe der Bundeszentrale für politische Bildung, Bd. 264), Bonn 1988, S. 236. Zu den Bedingungen demokratischer Kommunikation vgl. schon Kurt Lewin, Experimente über den sozialen Raum (1939), in: ders., Die Lösung sozialer Konflikte, Bad Nauheim 1953.
6  Hermann Giesecke, Methodik des politischen Unterrichts, München 1973, S. 15 ff.

## Neuere Literatur

Tilman Grammes (1998): Kommunikative Fachdidaktik. Politik. Geschichte. Recht. Wirtschaft, Opladen.
Frank Nonnenmacher (1999): Sozialformen des Unterrichts. In: Wolfgang W. Mickel (Hrsg.): Handbuch zur politischen Bildung, Schwalbach/Ts., S. 488-496.
Sibylle Reinhard (1999): Arbeitsstile. In: Wolfgang W. Mickel (Hrsg.): Handbuch zur politischen Bildung, Schwalbach/Ts., S. 472-475.
Peter Massing (2005): In Gesprächen lernen. Gesprächsformen in der politischen Bildung. In: Wolfgang Sander (Hrsg.): Handbuch politische Bildung. 3. völlig überarb. Aufl., Schwalbach/Ts., S. 498-508.
Siegfried Frech (2007): Methodentraining für den Politikunterricht II (Sozialformen und Kommunikative Fertigkeiten), S. 161-203.

# Kapitel 11

# Welche Methoden sind für die Bearbeitung von politischen Themen geeignet?

Wenn der Politikunterricht unter anderem zum Ziel hat, Schüler/innen zu befähigen, politische Probleme zu analysieren, politische Zusammenhänge zu erkennen und sie zu beurteilen, um letztlich eine Handlungsorientierung zu gewinnen, sind die Formen der unterrichtlichen Bearbeitung dieser Probleme, die Methoden, von großer Bedeutung. Sie bestimmen neben der Verlaufsstruktur (vgl. Planungsfrage 9) und den Kommunikationsformen (vgl. Planungsfrage 10) wesentlich die Organisation des Lernprozesses.

## Unterrichtsmethoden

Bei dem Versuch, die Beziehung zwischen Methoden und Lernprozess zu klären und näher zu bestimmen, ergeben sich eine Reihe von Schwierigkeiten. Dies liegt zum einen an der Komplexität und der Vielfalt der theoretischen und wissenschaftstheoretischen Aspekte, die mit dem Methodenbegriff verbunden sind und deren logisch-systematischer Zusammenhang in der Regel nicht hergestellt wird. Zum anderen liegt es daran, dass die Fachdidaktik die Methodik des politischen Unterrichts im Vergleich zu anderen Themen eher vernachlässigt hat.[1] So ist die fachdidaktische Diskussion zu den Methoden durch eine starke begriffliche Unsicherheit und Unübersichtlichkeit gekennzeichnet. Es wäre daher vermessen, die theoretische Diskussion zur Methodik politischer Bildung und ihre Defizite hier aufarbeiten zu wollen oder zu versuchen, einen Gesamtüberblick der Methoden zu geben. Dennoch erfordert die Beantwortung der Frage, welche Methoden für die Bearbeitung von politischen Themen geeignet sind, zumindest ein Minimum auch an begrifflicher Klärung und Strukturierung.

Wenn im Folgenden von Methoden gesprochen wird, dann sind immer Unterrichtsmethoden gemeint. Aufgabe von Unterrichtsmethoden ist es, die optimalen Bedingungen für die Begegnung von Lernenden und Sache (Probleme usw.) herzustellen. Die Entscheidung für eine Unterrichtsmethode lässt sich dann rechtfertigen, wenn es mit ihr gelingt, den Lernenden an den Gegenstand heranzuführen, und wenn sie hilft, die Intentionen des Lernprozesses und die allgemeinen Ziele des Politikunterrichts zu erreichen. Das zentrale Kriterium bei der Auswahl der Methoden für den Politikunterricht ergibt sich aus der Frage, inwieweit die Methoden der didaktischen Perspektive des Unterrichts (vgl. Planungsfrage 3) angemessen sind. Darüber hinaus müssen Lehrer/innen auch klären, wie die Methoden das Thema inhaltlich mitbestimmen, denn die Entscheidung für eine bestimmte Methode beinhaltet gleichzeitig immer auch die Entscheidung für eine bestimmte Strukturierung des Themas, zum Beispiel das Hervorheben einiger Aspekte auf Kosten anderer.[2]

Dem Charakter des Politischen und der Zielsetzung des Politikunterrichts entsprechen bestimmte Methoden. Versteht man darunter im Wesentlichen „zielgerichtete Verfahrensweisen" (Gagel) oder „Modalitäten zur Bearbeitung politischer Themen" (Giesecke) lassen sich Methodenkonzeptionen, Arbeitsweisen und Arbeitstechniken unterscheiden.

## Methodenkonzeptionen

Unter methodischen Konzeptionen werden in der Regel „methodische Großformen" verstanden, die die Makrostruktur des Unterrichts bestimmen. Solche Methodenkonzeptionen sind:[3]

– Lehrgang:
  Auf der Grundlage ihrer wissenschaftlichen Ausbildung und unter
  Berücksichtigung der Ziele und der Unterrichtsbedingungen vermittelt die Lehrerin oder der Lehrer systematisch einen Stoffbereich
  oder ein politisches Problem.

– Produktion:
  Nach Abschluss eines Lernprozesses werden die Ergebnisse der
  Erarbeitung für andere optisch aufbereitet und dargestellt, um
  damit eine Diskussion anzuregen.

– Sozialstudie:
  Schülerinnen und Schüler erforschen selbstständig in einer Art
  wissenschaftlicher Propädeutik einen problemhaften Ausschnitt
  ihrer Umgebung und stellen die Ergebnisse auch für andere dar.

– Provokation:
  Schüler/innen werden eigene Voreinstellungen, aber auch Voreinstellungen von anderen, zum Beispiel Vorurteile, bewusst gemacht,
  etwa durch rollenuntypisches Verhalten.

– Rollenspiel:
  Rollenspiel ist eine komplexe Methodenkonzeption zur Aneignung
  gesellschaftlicher Wirklichkeit. Schülerinnen und Schüler stellen
  typisches Rollenverhalten in realistischen Situationen dar, indem
  sie sich in das Denken, Fühlen und Handeln anderer hineinver-
  setzen.

– Planspiel:
  Gegenstand des Planspiels ist ein objektiver oder fingierter politischer Konflikt oder Prozess, verbunden mit einem hohen Entschei-
  dungsdruck. Schüler/innen stellen die Rollen der wichtigsten, am
  Konflikt beteiligten Gruppen dar mit dem Ziel, reale Konflikte zu
  simulieren, zu analysieren und Konfliktlösungen (Entscheidungen)
  zu finden.

– Tribunal:
  Bereits vollzogene reale politische Ereignisse oder Handlungen,
  zum Beispiel politische Entscheidungen, werden in Form einer
  Gerichtsverhandlung beurteilt.

Einige dieser Methoden lassen sich an unterschiedlichen Stellen im Unterricht auch als Kleinformen einsetzen. So eignen sich das Rollenspiel, vor allem aber die Provokation in besonderer Weise als motivierender Einstieg in eine Thematik, das Rollenspiel auch für den Versuch, unterschiedliche Aspekte zu erfassen, unterschiedliche Positionen und Bewertungen zu verstehen[4] oder um sich in die Situation, in das Denken und in die Gefühle anderer hineinzuversetzen (soziale Perspektivenübernahme).

## Arbeitsweisen

Von den Methodenkonzeptionen müssen die Arbeitsweisen unterschieden werden. Darunter werden „methodisch unspezifische Techniken der Bearbeitung" (Giesecke) verstanden, die in allen vorgestellten methodischen Konzeptionen mit unterschiedlicher Zielsetzung und unterschiedlich intensiv eingesetzt werden können. Ohne die Ausfüllung durch Arbeitsweisen lassen sich Methodenkonzeptionen nicht realisieren. Bei der Entscheidung für bestimmte Arbeitsweisen ist vor allem zu fragen, was diese jeweils im Unterricht zu leisten vermögen, „das heißt, welche formalen und inhaltlichen Voraussetzungen für ihren Einsatz gegeben sein müssen, welche Fähigkeiten des Lernenden sie ausbilden oder aktivieren"[5] und was sie für die Realisierung der Unterrichtsziele leisten können.

Die Arbeitsweisen lassen sich unterteilen in:[6]
– Arbeitsformen:
  Frontalunterricht, Einzelarbeit/Stillarbeit, Partnerarbeit, Gruppenarbeit, Expertenbefragungen, …
– Unterrichtsformen:
  Lehrervortrag, Schülervortrag, Unterrichtsgespräch, Diskussion, Debatte, …
– Aktionsformen:
  Berichten, Erklären, Aufschreiben, Nachschlagen, …
Über die Auswirkungen der Arbeitsweisen auf den Politikunterricht gibt es bisher nur mehr oder weniger plausible Vermutungen. Zum Beispiel Aussagen, eine Arbeitsform wie Gruppenarbeit sei grundsätzlich besser als Einzelarbeit, gehen am Kern der Sache vorbei. „Vielmehr wird der

Unterricht umso ergiebiger sein, je differenzierter und abwechslungsreicher mit den einzelnen Arbeitsweisen umgegangen wird."[7]

## Arbeitstechniken

Von den oben genannten methodischen Großformen, die die Makrostruktur des Unterrichts bestimmen, und den Arbeitsweisen, die die Mikrostruktur des Unterrichts kennzeichnen, lassen sich die Arbeitstechniken, die „Werkzeuge", unterscheiden, die Schüler/innen benötigen, um das schwierige politische Handlungsfeld zu erschließen und mitgestalten zu können.[8] Zum Beispiel sollten sie in der Lage sein, mit Massenmedien umzugehen, eine Karikatur zu verstehen, Kommentare zu erkennen und zu bewerten, Probleme zu erörtern, aber auch selbst Flugblätter zu entwerfen, Anträge zu stellen, Protokolle zu schreiben usw.

Die folgende Zusammenstellung enthält ein Grundrepertoire von Arbeitstechniken für den Politikunterricht:[9]

Formale methodische Fertigkeiten:
- Sammeln und Ordnen von Informationen
- Bearbeitung von Texten und Quellen
- Auswertung von Statistiken, Karten, Diagrammen, Schaubildern
- Interpretation von Karikaturen
- ...

Schriftliche Fertigkeiten:
- Gestalten von Wandzeitungen und Plakaten
- Erstellung von Protokollen
- Schreiben von Leserbriefen, Referaten bis hin zu Facharbeiten
- ...

Kommunikative Fähigkeiten:
- Rhetorische Fähigkeiten
- Techniken der Diskussion und der Debatte
- Techniken der Diskussionsleitung oder der Moderatorentätigkeit
- ...

Wissenschaftspropädeutische Techniken:
- Interviewtechniken
- Befragung von Experten
- Meinungsumfragen
- ...

Alle methodischen Konzeptionen und Arbeitsweisen hängen von diesen methodisch-instrumentellen Fähigkeiten und Fertigkeiten der Schülerinnen und Schüler ab. Sie lassen sich im Verlauf der Durchführung der Methoden oder während der Handhabung der Arbeitsweisen erlernen. Dies allein wird aber nicht ausreichen, sondern die Arbeitstechniken müssen darüber hinaus auch in eigenen spezifischen Unterrichtssequenzen sorgsam vermittelt und eingeübt werden.

## Zum Verhältnis von Zielen und Methoden

Die Auswahl der Methoden ist, wie schon erläutert, abhängig von der didaktischen Perspektive (vgl. Planungsfrage 3) und den allgemeinen Zielen des Politikunterrichts. Politiklehrerinnen und -lehrer müssen daher überprüfen, welche Methoden für das Erreichen welcher Ziele besonders geeignet sind. Dabei ist zu berücksichtigen, dass zwischen Zielen und Methoden kein Verhältnis der Ableitung existiert in dem Sinne, als würden sich aus den jeweiligen Zielen bestimmte Methoden zwingend ergeben.

Dieses Verhältnis soll in der folgenden Grafik an ausgewählten Zielen und Methoden verdeutlicht werden.[10] Dabei wird die Enge des Zusammenhangs zwischen Methoden und Lernzielen durch zwei Stärkegrade ausgedrückt. Ein Viereck bedeutet eine relativ enge Beziehung, ein Dreieck deutet auf eine losere Beziehung hin; ist kein Zeichen vorhanden, so besteht keine oder keine nennenswerte Beziehung zwischen den Lernzielen und den betreffenden Methoden.

Jeder Versuch einer Zuordnung von Zielen und Methoden ist natürlich in erheblichem Maß willkürlich und kann den Zusammenhang auch nur andeuten. Allerdings wird durch die Zuordnung ein Tatbestand sehr deutlich: die beste Methode gibt es nicht, sondern der Politikunterricht erfordert eine Kombination verschiedener Methoden.

| Methoden | Ziele | | | | |
|---|---|---|---|---|---|
| | I Analyse politischer Probleme | II Erkenntnis politischer Zusammenhänge | III Politische Urteilsfähigkeit | IV Selbstständige Informationsermittlung | V Praktische Handlungsformen |
| 1. Lehrgang | | | | | |
| 2. Produktion | | | | | |
| 3. Sozialstudie | | | | | |
| 4. Provokation | | | | | |
| 5. Rollenspiel | | | | | |
| 6. Planspiel | | | | | |
| 7. Tribunal | | | | | |

# Erfahrungs- und Handlungsorientierung

Eine Reihe von empirischen Untersuchungen kommt zu dem Ergebnis, dass im Politikunterricht der allgemeinbildenden Schulen, vielleicht mit Ausnahme der Gesamtschule, nach wie vor lehrerzentrierte Methoden, wie zum Beispiel das gelenkte Unterrichtsgespräch und der reproduktive Informationsunterricht, dominieren.[11] „Der konventionelle Politikunterricht ist über weite Strecken handlungsarm."[12] Wenn aber im Politikunterricht vor allem die politische Handlungsfähigkeit der Schülerinnen und Schüler angebahnt werden soll, dann müssen diese lernen, selbst Erfahrungen zu machen, sich aktiv zu betätigen, um die politische Wirklichkeit handelnd, sinnlich und intellektuell zu erschließen. Politikunterricht muss mehr sein als die rein intellektuelle Aneignung von Sach- und Fachwissen, er schließt vielmehr die Handlungsdimension mit ein und zwar in einem doppelten Sinn. Einmal geht es um die Handlungsperspektiven der Politik auf der Makro- und auf der Mikroebene, zum anderen geht es um das Einüben eines individuellen Handlungsrepertoires für die politische Auseinandersetzung und Meinungsbildung. „Handlungskompetenz meint in diesem Sinne vor allem die politikrelevante Methodenkompetenz der Schüler."[13] Diese Kompetenz erwerben sie in erster Linie in einem Politikunterricht, der praktisches, forschendes, problemlösendes, soziales, kommunikatives, projektartiges, produktorientiertes, ganzheitliches Lernen favorisiert.

Werden im Politikunterricht drei zentrale Handlungsfelder unterschieden, reales Handeln innerhalb und außerhalb der Schule, simulatives Handeln und produktives Gestalten, lassen sich handlungsorientierte Methoden und Arbeitsweisen in folgender Tabelle zusammenfassen:[14]

## Handlungsorientierter Politikunterricht

| Reales Handeln | Simulatives Handeln | Produktives Gestalten |
|---|---|---|
| – Erkundungen, <br> – Praktika <br> – Expertenbefragungen <br> – Straßeninterviews <br> – Projektinitiativen <br> – Fall-/Sozialstudien <br> – Schulsprecherwahl <br> – Schülerzeitung <br> – Partizipation im Unterricht | – Rollenspiele <br> – Planspiele <br> – Entscheidungsspiele <br> – Konferenzspiele <br> – Pro- und Kontra-Debatte <br> – Hearing <br> – Tribunal <br> – Zukunftswerkstatt | – Tabelle, Schaubild, Tafelbild erstellen <br> – Flugblatt, Plakat, Wandzeitung <br> – Reportage, Hörspiel, Diareihe, Video <br> – Referate, Wochen- bzw. Monatsberichte <br> – Ausstellung, Fotodokumentation <br> – Rätsel, Quiz, Lernspiele <br> – Unfertige Arbeitsblätter fertigstellen |
| Methodentraining mit Schülern | | |

Viele Politiklehrerinnen und -lehrer haben mittlerweile die Vorzüge eines handlungsorientierten Unterrichts erkannt; den Tatbestand, dass er in der alltäglichen Unterrichtspraxis immer noch die Ausnahme ist, begründen sie in der Regel mit den restriktiven schulischen und curricularen Rahmenbedingungen (vgl. Planungsfrage 8). Diese lassen sich sicherlich nicht leugnen, dennoch zeigen vielfältige Erfahrungen, dass die potentiellen Handlungsspielräume im Unterricht in der Regel nicht ausgeschöpft werden.

Häufiger wird gegen handlungsorientierten Politikunterricht eingewendet, er treibe vordergründigen Aktionismus, der den Schülerinnen und Schülern zwar Spaß mache, aber sonst nicht viel bringe. Dahinter verbirgt sich die Befürchtung, in einem solchen Unterricht werde nicht genug Stoff (Fachwissen) vermittelt. Diese Angst ist verständlich. Sie ist jedoch zumeist die Folge davon, dass vielen Lehrenden eigene Erfahrungen im Umgang mit handlungs- und erfahrungsorientierten Methoden fehlen. „Anliegen und Ziel eines solchen Unterrichts ist es vielmehr, durch das exemplarische Handeln, Forschen und Gestalten intensive methodische und inhaltliche Lernerfahrung wachsen zu lassen, die sich zu einer tragfähigen Handlungskompetenz verdichten."[15] Darüber hinaus schließen sich handlungsorientierte Formen politischen Unterrichts und Formen, in denen vor allem Kenntnisse und Fertigkeiten vermittelt werden, nicht aus.[16] Im Gegenteil, auch der handlungsorientierte Politikunterricht bedarf der Unterrichtsformen und Unterrichtssequenzen, in denen neben Grundwissen das nötige Detailwissen und die notwendigen Fertigkeiten vermittelt werden, denn er zielt auf Handlungskompetenz und Fachkompetenz.

Handlungsorientierter Politikunterricht ist allerdings so verstanden aufwendiger als konventioneller Unterricht und verlangt von den Lehrerinnen und Lehrern eine differenziertere und aufmerksamere Arbeit. Darüber hinaus müssen sie handlungsorientierte Methoden selbst immer wieder erproben und einüben – und dies kann in der Regel nur in Fortbildungsveranstaltungen geschehen. Erst auf diese Weise kann sich das notwendige methodische Repertoire entwickeln und methodische Kompetenz und Sicherheit entstehen.

## Anmerkungen

1 Vgl. zur Methodenproblematik: Hermann Giesecke, Methodik des politischen Unterrichts, München 1973; Wolfgang Mickel, Methodik des politischen Unterrichts, Frankfurt/M. ⁴1980; Bernhard Claußen, Methodik der politischen Bildung. Von der pragmatischen Vermittlungstechnologie zur praxisorientierten Theorie der Kultivierung emanzipatorischen politischen Lernens, Opladen 1981.

2 Vgl. Hermann Giesecke (Anm. 1), S. 44.

3 Vgl. ebenda, S. 41 ff.

4 So Bernhard Sutor, Neue Grundlegung politischer Bildung, Paderborn/München/Wien/Zürich 1984, S. 96.

5 Klaus Engelhart, Arbeitsformen und Arbeitstechniken, in: Wolfgang Mickel/ Dietrich Zitzlaff (Hrsg.), Handbuch zur politischen Bildung (Schriftenreihe der Bundeszentrale für politische Bildung, Bd. 264), Bonn 1988, S. 262.

6 Vgl. Dieter Grosser, Politische Bildung, München 1977, S. 97.

7 Hermann Giesecke (Anm. 1), S. 125.

8 Vgl. Paul Ackermann/Reinhard Gaßmann, Arbeitstechniken politischen Lernens – kurzgefaßt, Stuttgart 1991.

9 Vgl. Klaus Engelhart (Anm. 5), S. 266.

10 Die Grafik stammt von Hermann Giesecke. Vgl. ders. (Anm. 1), S. 105. Sie wurde in den Lernzielen dem hier vertretenen Ansatz angepasst und auch die Beziehungen zwischen Methoden und Lernzielen wurden verändert.

11 Klaus Hage/Heinz Bischoff/Horst Dichanz/Klaus D. Eubel/Heinz-Jörg Oehlschläger/Dieter Schwittmann, Das Methoden-Repertoire von Lehrern. Eine Untersuchung zum Schulalltag der Sekundarstufe 1, Opladen 1985.

12 Heinz Klippert, Handlungsorientierter Politikunterricht, in: Methoden der politischen Bildung – Handlungsorientierung (Schriftenreihe der Bundeszentrale für politische Bildung, Bd. 304), Bonn 1991, S. 9.

13 Ebenda, S. 10.

14 Die Tabelle stammt von Heinz Klippert, vgl. ders. (Anm. 12), S. 13.

15 Heinz Klippert, Durch Erfahrung lernen, in: Erfahrungsorientierte Methoden der politischen Bildung (Schriftenreihe der Bundeszentrale für politische Bildung, Bd. 258), Bonn 1988, S. 90.

16 Volker Nitzschke unterscheidet in diesem Zusammenhang zwischen konzentrischen und linearen Unterrichtsformen. Konzentrischer Unterricht bedeutet, dass ein Problem, eine Aufgabe, eine Frage im Mittelpunkt steht, die es zu lösen gilt. Zu den entsprechenden Unterrichtsformen gehören unter anderem Planspiel, Fallstudie, Projekt, Erkundung. Bei linearen Unterrichtsformen werden vor allem Kenntnisse und Fertigkeiten vermittelt. Dazu gehören Lehrgang, Kurs usw. Vgl. Volker Nitzschke, Zum methodischen Handeln im politischen Unterricht, in: Erfahrungsorientierte Methoden (Anm. 15), S. 47 ff.

## Neuere Literatur

Peter Massing (1998): Handlungsorientierter Politikunterricht. Ausgewählte Methoden, Schwalbach/Ts.

Gotthard Breit/Siegfried Schiele (Hrsg.) (1998): Handlungsorientierung im Politikunterricht, Schwalbach/Ts.

Hans-Werner Kuhn/Peter Massing (1999): Politikunterricht kategorial + handlungsorientiert, Schwalbach/Ts.

Siegfried Frech u.a. (2004): Methodentraining für den Politikunterricht I, Schwalbach/Ts.

Sibylle Reinhardt (2005): Handlungsorientierung. In: Wolfgang Sander (Hrsg.): Handbuch politische Bildung, 3. völlig überarb. Aufl. Schwalbach/Ts.

Siegfried Frech u.a. (2007): Methodentraining für den Politikunterricht II, Schwalbach/Ts.

Sibylle Reinhardt/Dagmar Richter (Hrsg.) (2007): Politik-Methodik. Handbuch für die Sekundarstufe I und II, Berlin.

Dirk Lange (Hrsg.) (2007): Methoden Politischer Bildung. Handbuch für den sozialwissenschaftlichen Unterricht, Hohengehren.

Kerstin Pohl/Markus Soldner (2008): Die Talkshow im Politikunterricht. Direkte Demokratie, Schwalbach/Ts.

# Kapitel 12

# Was muss ich beim Einsatz von Medien berücksichtigen?

Im Politikunterricht sind neben den Methoden die Medien ein weiteres selbstständiges, wenn auch nicht unabhängiges, didaktisches Entscheidungsfeld.

Medien sind einerseits Gegenstand des Politikunterrichts, andererseits sind sie Informationsträger, Anschauungsmittel, vor allem aber Repräsentanten von lebensweltlichen und/oder politischen Realsituationen.[1]

Für die Lehrerinnen und Lehrer haben die Medien die Funktion von Lehrmitteln und Unterrichtshilfen, für die Schülerinnen und Schüler haben sie die Funktion von Lernmitteln und Lernhilfen. Für beide Gruppen sind sie Arbeitsmittel, derer sie sich gemeinsam bedienen können.

Im Politikunterricht sollen Medien den Schülerinnen und Schülern die Begegnung mit der Politik ermöglichen. „Sie holen Wirklichkeit in den Unterricht und stiften Erfahrungen an."[2]

Zu den im politischen Unterricht eingesetzten Medien zählen neben Schulbüchern, Themenheften von Verlagen, von der Bundeszentrale für politische Bildung und den entsprechenden Landeszentralen, Schriftdokumente (politische Reden, Protokolle, Flugblätter usw.), Presseausschnitte (Fotos, Texte, Grafiken, Kommentare usw.), Bild- und Tondokumente (Rundfunkaufnahmen, Fernsehen, Videoaufnahmen usw.).

Bei der Auswahl der Medien für den Politikunterricht müssen Lehrer/innen danach fragen, in welcher Weise sie den Zielen, Inhalten und Methoden des geplanten Unterrichts entsprechen. Dabei gilt es zu beachten, dass Medien nicht neutral sind, sondern eine Eigengesetzlichkeit entwickeln, die den geplanten Unterricht verändern kann. Es ist daher notwendig zu überprüfen, ob die Entscheidung für bestimmte Medien die anderen Entscheidungen beeinflusst und die Ziele, Inhalte und Methoden neu abgestimmt werden müssen oder beibehalten werden können (Implikationszusammenhang).

Bei der Auswahl eines Mediums für den Politikunterricht sollte darüber hinaus gefragt werden, ob in der mit jedem Medium verbundenen Reduktion noch ausreichend repräsentative Informationen enthalten sind, um dem mit dem Unterricht verbundenen Ziel gerecht zu werden, oder ob durch die Reduktion in unzulässiger Weise die Realität verzerrt wird.[3]

Die im Politikunterricht am häufigsten eingesetzten Medien sind Texte. Sie bilden „die wichtigste Informationsquelle im Alltag des Politikunterrichts".[4] Gegen die Dominanz von Texten wird häufig eingewendet, sie leiste einer „Verkopfung" des Unterrichts Vorschub, die Langeweile hervorrufe. Dieser Vorwurf ist nicht ganz unberechtigt. Letztlich hängt es aber auch hier von den Unterrichtsteilnehmern selbst ab, ob sie die Arbeit mit Texten anregend und spannend oder schleppend und eintönig gestalten. Politik wird eben auch heute noch – im Zeitalter der elektronischen Medien – in hohem Maße schriftlich vermittelt, und das Politische erschließt sich überhaupt erst durch das Lesen von Texten.[5] Dennoch sollten Lehrerinnen und Lehrer bei der Auswahl von Medien für den Politikunterricht nicht nur Texte berücksichtigen. Politik lebt auch von der gesprochenen Rede und arbeitet mit Bildsymbolen.

Bei der Frage, welche Medien sich konkret dazu eignen, um sie im geplanten Unterricht einzusetzen, stehen Lehrer/innen in der Regel vor erheblichen Auswahlproblemen. Bevor sie eine Entscheidung treffen, sollten sie daher die folgenden didaktischen Fragen klären:

— Wird durch das Medium das Politische ausreichend repräsentiert, zum Beispiel eine oder mehrere Dimensionen des Politischen bzw.

Phasen des Politikzyklus oder wesentliche damit zusammenhängende politische Kategorien?
- Wird das Politische durch das Medium besser der Analyse und der Beurteilung zugänglich?
- Ermöglicht das Medium einen Bezug zur Vorstellungs- und Lebenswelt der Schülerinnen und Schülern?

Weitere didaktische Fragen, die geklärt werden müssen, sind:
- Welche Inhalte (über das Politische hinaus) werden vom Medium präsentiert?
- Mit welchen Zielen geschieht das?
- Wie verfährt das Medium dabei, zum Beispiel bei der Auswahl, Zusammenstellung, Kombination von Sprache und Bild?
- Sind die Ziele und Inhalte durch den Einsatz des Mediums günstiger aufzubereiten und zu vermitteln als durch andere didaktische Formen?
- Welche gesellschaftlichen und politischen Positionen und ideologischen Inhalte lassen sich am Medium aufweisen und wie werden sie von diesem vermittelt?
- In welcher Unterrichts- und Lernsituation soll das Medium verwendet werden?
- Welche Vor- und Nachbereitung ist notwendig, damit die Lernenden die Inhalte, Ziele und Formen der Mediendarstellung verstehen und bearbeiten können?
- Wie verändert sich das Verhalten des Lehrenden durch den Medieneinsatz?
- Welche Wirkung soll das Medium auf das Lernverhalten der Adressaten haben?
- Wie wirkt sich das Medium auf Interaktion, Kommunikation, Kooperation zwischen den Lehrenden – Lernenden und Lernenden – Lernenden aus?[6]

Politiklehrer/innen sehen Medien oft verkürzt nur unter dem Motivationsaspekt. Sie bemühen sich daher um eine möglichst große Abwechslung. Bei dem Versuch, mit außerschulischen Medien zu konkurrieren, besteht aber die Gefahr, dass Abnutzungseffekte eintreten. Abwechslung als Auswahlkriterium darf bei der Entscheidung über Medien nur eine nachgeordnete Rolle spielen. Der Blick allein auf die Motivationsfunktion vernachlässigt auch den Tatbestand, dass letztlich durch Medien Vermitteltes unscharf bleibt, wenn Kontext- und Einordnungskategorien fehlen. Medieneinsatz bedingt daher eine intensive Vor- und Nachbereitung. „Bei jeder medialen Darbietung müssen Kontext, Begriffe, Bedeutung und der Bezug zum original Erfahrbaren mitvermittelt werden."[7]

Medien repräsentieren politische Realität. Sie repräsentieren diese Realität aber weder authentisch noch sind sie selbst die Realität, sondern sie verzerren und filtern Realität.

Um die Filterwirkung von Medien zu reflektieren, ist es zunächst notwendig zu klären, auf welcher Wirklichkeitsebene sie sich bewegen.

Dabei lassen sich vier Ebenen unterscheiden:
– Dokumentenwirklichkeit
  Der Vorgang mit seinen mündlichen und schriftlichen Spuren: Reden, Diskussionsbeiträge, Protokolle und Aktennotizen, Anträge, Formulare, Flugblätter, Telefonate, Haushaltberechnungen usw.
– Medienwirklichkeit
  Gesellschaftlich-politische Öffentlichkeit als hergestellte Öffentlichkeit: Meldungen von Nachrichtendiensten, Kommentare und Leserbriefe in den Medien, Radiosendungen, Fernsehbilder usw.
– Reflexionswirklichkeit
  Zusammenfassende Berichte, insbesondere wissenschaftlicher Studien usw.
– Didaktische Wirklichkeit
  Schulbücher und andere Unterrichtsmaterialien usw.[8]

Auf keiner Ebene repräsentieren Medien die politische Wirklichkeit authentisch, sondern sie sind immer schon ein interpretierter Ausschnitt von Wirklichkeit. Lehrerinnen und Lehrer sollten daher auf einen möglichst vielseitigen Medieneinsatz achten, der die vier Ebenen miteinander verknüpft. Gelingt es ihnen, die Realität mehrperspektivisch zu präsentieren, lässt sich dadurch die Filterwirkung von Medien und der Grad der Verzerrung reduzieren. Schüler/innen können auf diese Weise erfahren, dass Objektivität die Kenntnisnahme mehrerer medialer Informationen aus mehreren Quellen und auf mehreren Ebenen erfordert sowie die Frage nach Herkunft und Interessen derjenigen, die die Medien produzieren, verlangt. Diese ideologiekritische Analyse von Medien gehört zum Kernbestand des Politikunterrichts. Unterricht mit Medien ist so immer zugleich auch Unterricht über Medien. Vor allem durch eigene Medienproduktionen (zum Beispiel Wahlplakate, Nachrichtensendungen, Schulbuchkapitel, Radiosendungen, Videos usw.) können Schüler/innen die Prozesse der Realitätskonstruktion und -verzerrung (Manipulationstechniken) erfahren und durchschauen.

## Anmerkungen

1  Vgl. Paul Ackermann u.a., Methoden in der politischen Bildung, in: Lernfeld Politik (Schriftenreihe der Bundeszentrale für politische Bildung, Bd. 313), Bonn 1992, S. 377.
2  Georg Weißeno, Über den Umgang mit Texten im Politikunterricht, Schwalbach/Ts. 1993, S. 10.
3  Vgl. Bernhard Claußen, Medien und Kommunikation im Unterrichtsfach Politik, Frankfurt/M. 1977, S. 92 f.
4  Georg Weißeno (Anm. 2), S. 5.
5  Ebenda.
6  Wilhelm Frenz, Medien in der politischen Bildung, in: Wolfgang Mickel/Dietrich Zitzlaff (Hrsg.), Handbuch zur politischen Bildung (Schriftenreihe der Bundeszentrale für politische Bildung, Bd. 264), Bonn 1988, S. 363.
7  Wolfgang Hilligen, Zur Didaktik des politischen Unterrichts, Opladen [4]1985, S. 126.
8  Tilman Grammes, Kommunikative Fachdidaktik, in: Wolfgang Sander (Hrsg.), Konzepte der Politikdidaktik. Aktueller Stand, neue Ansätze und Perspektiven, Hannover 1992, S. 86.

## Neuere Literatur

Georg Weißeno (Hrsg.) (2001): Politikunterricht im Informationszeitalter, Bonn.
Anja Besand (2005): Medienerziehung. In: Wolfgang Sander (Hrsg.): Handbuch politische Bildung, 3. völlig überarb. Aufl., Schwalbach/Ts., S. 419-429.
Dagmar Richter (2007): Massenmedien. In: Georg Weißeno u.a. (Hrsg.): Wörterbuch Politische Bildung, Schwalbach/Ts., S. 237-244.
Anja Besand/Wolfgang Sander (Hrsg.) (2010): Handbuch Medien in der politischen Bildung, Schwalbach/Ts.

# Kapitel 13

# Wie lässt sich im Politikunterricht der Lernfortschritt überprüfen?

Wie zu jedem anderen Fach gehört es auch zum Politikunterricht, den Lernfortschritt zu überprüfen, das heißt zu kontrollieren, ob die Lehr- und Lernziele erreicht worden sind oder nicht.[1]

Die Berechtigung von Ergebniskontrollen im weiteren Sinne ist im Politikunterricht unumstritten, obgleich damit sicherlich eine der schwierigsten Aufgaben von Politiklehrerinnen und -lehrern angesprochen wird.

Die Kontrolle des Lernfortschritts dient zwei ganz unterschiedlichen Zwecken, die zwar vielfach zusammenhängen, die im Bewusstsein aber klar getrennt werden sollten.

1. Die Kontrolle des Lernfortschritts hat die Aufgabe, den Lehrerinnen und Lehrern, aber auch den Schülerinnen und Schülern eine Rückmeldung (Feedback) über den Unterricht zu geben. Sie ist Selbstkontrolle der am Unterricht Beteiligten über das, was sie wirklich gemacht und erreicht haben. Insofern ist Ergebniskontrolle zum einen Kritik an der Planung und Durchführung des vorangegangenen Politikunterrichts, zum anderen liefert sie wesentliche Informationen, die für die weitere Planung von Lernprozessen notwendig sind.

2. Die Kontrolle des Lernfortschrittes dient auch dem Zweck der Einschätzung des Lernerfolgs der Schülerinnen und Schüler, das heißt

der Differenzierung und gerechten Bewertung von individuellen Leistungen.

Es besteht weitgehend Einigkeit darüber, dass die Überprüfung des Lernfortschritts vor allem die Aufgabe hat, zusätzliche Planungssicherheit für den weiteren Politikunterricht zu geben. Die Frage, auf welche Weise dies sinnvoll geschehen kann, ist allerdings schwierig zu beantworten.

Relativ einfach scheint noch die Überprüfung von Lernfortschritten zu sein, die auf der Ebene des Wissens angesiedelt sind. Auf dieser Ebene lässt sich ziemlich exakt beschreiben, was die Schülerinnen und Schüler am Ende des Lernprozesses können sollen. Es geht vor allem um Informationen, Kenntnisse, Anwendungsformen von Methoden, also um objektiv Messbares, Vorzeigbares, Gelerntes, das sich schriftlich und mündlich überprüfen lässt. Schon schwieriger sind Kontrollen des Lernfortschritts auf der Ebene der Anwendung. Auf dieser Ebene geht es darum zu überprüfen, inwieweit die Schülerinnen und Schüler in der Lage sind, Problemzusammenhänge zu strukturieren, die Instrumente und Methoden der Analyse zu nutzen, Zusammenhänge zwischen neuen und schon behandelten Problemen herzustellen, früher Gelerntes neu anzuwenden usw.

Auf der Ebene des problemlösenden Denkens (Urteilsbildung) sind die Schwierigkeiten der Überprüfung besonders groß. Da es nicht darum gehen darf, die inhaltlichen Positionen der Schüler/innen oder ihre Urteile selbst zu bewerten, müssen sich Lehrer/innen auch auf dieser Ebene auf Qualifikationen und Kriterien formaler Art beschränken. Sie können lediglich überprüfen, wie die Schüler/innen das Problem analysieren, kontrovers diskutieren und ihre Urteile systematisch entwickeln und begründen. Zwar lassen sich dazu, wie gesagt, formale Maßstäbe entwickeln, die den Lernenden vermittelt und mit ihnen an Hand von Beispielen diskutiert werden können, dennoch werden die Begründungen immer nur mehr oder weniger plausibel sein, und auf dieser Ebene bleibt ein großer Rest Willkür und subjektiver Einschätzung. Diese wird sich nie ganz auflösen lassen. Sie kann jedoch gemindert werden, wenn es gelingt, die Urteilsbegründungen in den Diskurs des Unterrichts einzubeziehen.

Die Überprüfung des Lernfortschritts auf diesen drei Ebenen bezieht sich allein auf die kognitiven Lernintentionen, Wissen – Anwendung – Fähigkeit zur Urteilsbildung. Politikunterricht beabsichtigt aber noch mehr. Er zielt im Wesentlichen auf Qualifikationen im Sinne von Einstellungen, Wertentscheidungen, Verhaltensorientierungen. Diese eigentlichen Ziele des Politikunterrichts können aber kaum operationalisiert werden und lassen sich daher auch nicht zu jedem Zeitpunkt des Lernprozesses überprüfen.

Geeignete Verfahren, den Lernfortschritt mit dem Ziel der gemeinsamen Selbstvergewisserung über den Unterrichtserfolg zu messen, müssen daher in den Unterrichtsverlauf integriert sein und aus ihm erwachsen. Dieses können zum Beispiel Referate von Schülerinnen und Schülern sein, zusammenfassende Wiederholungen, problembezogene Prüfungsgespräche mit Einzelnen, an denen sich die ganze Klasse beteiligen kann, usw. Bestimmte Methoden erleichtern die Integration der Überprüfung des Lernfortschritts in den Unterricht. Projektorientierte Methoden zum Beispiel bieten viele Anlässe, individuelle Fähigkeiten und Fertigkeiten der Beteiligten zu beobachten und zu beurteilen. Bei Rollenspielen und Planspielen zeigt in der Regel das Endprodukt, was Schülerinnen und Schüler gelernt haben, welche Fähigkeiten und Fertigkeiten sie besitzen. Dies alles reicht für eine kritische Rückmeldung des eigenen Unterrichts und als Information zur Überlegung sinnvoller weiterer Unterrichtsschritte weitgehend aus. Nicht ausreichend ist es allerdings für die zweite Aufgabe, der im Allgemeinen die Ergebniskontrolle und die Überprüfung des Lernfortschritts dienen soll, für eine gerechte Leistungsmessung mit dem Ziel einer möglichst objektiven Differenzierung und Klassifizierung der Schülerinnen und Schüler.[2]

Inwieweit diese zweite Aufgabe überhaupt für den Politikunterricht gelten soll, ist in der didaktischen Diskussion umstritten. Eindeutige, wenn auch zur Zeit kaum praktikable Antworten darauf enthalten Thesen wie: Zeugnisnoten seien „für den Bereich der Politischen Bildung anachronistisch"[3] oder: „Der Gedanke, politische Selbstreflexion und Handlungskompetenz in Notenstufen von 1-6 oder Punktdifferenzen von 0-15 begründet und gerecht gliedern zu wollen, wie etwa

Mathematikleistungen, muss absurd anmuten".[4] Hinzu kommt, dass Leistungsmessung und -bewertung bei den Betroffenen häufig Angstgefühle hervorrufen, und „Schulangst und politische Bildung (sind) unvereinbar: Durch Angst und in Angst Erzogene können keine zu selbständigem Urteil fähige Bürger werden".[5] Auch wenn ein Teil der Lehrerinnen und Lehrer diesen Thesen zustimmen mögen, die Möglichkeit, auf bewertende Leistungskontrollen ganz zu verzichten, bleibt auf Grund staatlicher Vorgaben verschlossen, und so sehen sich Lehrer/innen erheblichen Schwierigkeiten und Problemen gegenüber. Ein Ausweg aus diesem Dilemma kann eigentlich nur darin bestehen, sich auch bei der Leistungsbewertung auf formale Maßstäbe zu beschränken und diese als Beurteilungskriterien offenzulegen. Als Beispiel für ein solches formales Beurteilungsschema können die „Einheitlichen Prüfungsanforderungen im Fach Gemeinschaftskunde" gelten, auf die sich die Kultusministerkonferenz 1975 geeinigt hat:[6]

**Gemeinschaftskunde**

A. Inhaltbezogene Kenntnisse und Fähigkeiten

    I.    Wiedergabe des Gelernten

    II.   Selbstständiges Erklären und Anwenden des Gelernten und Verstandenen

    III.  Urteilen, Hypothesen bilden, Alternativen entwickeln

B. Methodenbezogene Kenntnisse und Fähigkeiten

    I.    Kenntnisse

    II.   Handhaben und Anwenden von Methoden und Arbeitstechniken

    III.  Methodenreflexion

Dabei lässt sich die Gefahr, das Sachwissen überzubetonen und dadurch die eigentlichen Intentionen des Politikunterrichts zu verfehlen, nie völlig ausschließen.

    Die Überprüfung des Lernfortschritts im politischen Unterricht kann sowohl in mündlicher als auch in schriftlicher Form erfolgen.

**Mündliche Überprüfung:**

Vor allem die mündliche Überprüfung des Lernfortschritts eignet sich dazu, sie in den Unterrichtsverlauf zu integrieren und auf alle Schematisierungen zu verzichten. Bei der mündlichen Leistungskontrolle ist darüber hinaus ein besonders hohes Maß an Transparenz notwendig. Das heißt vor allem, Lehrer/innen müssen ihre Bewertungsmaßstäbe offenlegen und erläutern. Zur Bewertung lassen sich heranziehen: Beteiligung am Unterricht (im Unterrichtsgespräch und in der Gruppenarbeit), Übernahme von Referaten und anderen Sonderaufgaben, Vorschläge zur Unterrichtsgestaltung usw. Zur Transparenz gehört auch, dass Schüler/innen über ihren mündlichen Leistungsstand regelmäßig informiert werden und dieser mit der Klasse erörtert wird. Diskussionen über die allgemeine Problematik der Notengebung sowie ihrer didaktisch-methodischen Funktion können bei allen Beteiligten zu einer Versachlichung des Themas führen und dazu beitragen, unerwünschte Begleiterscheinungen wie Leistungsdruck und Schulangst zu vermindern.

**Schriftliche Überprüfung:**

Die schriftliche Überprüfung des Lernfortschritts sollte gegenüber der mündlichen gleichwertig sein. Bei schriftlichen Lernzielkontrollen ist es sinnvoll, die drei Ebenen, Wissen – Anwenden – Problematisieren, miteinander zu verknüpfen. Abhängig von der Klassenstufe können sie unterschiedlich gewichtet werden. Je höher die Klassenstufe, umso größer ist die Bedeutung der Ebene problemlösendes Denken.

Schon bei der Planung des Politikunterrichts sollten Formen und Instrumente der Überprüfung des Lernfortschritts im Sinne von Rückkoppelungsmechanismen und Leistungsbewertung mit bedacht und es muss überlegt werden, wie diese sinnvoll in den Unterrichtsverlauf integriert werden können.

Derzeit kann auf Grund institutioneller Zwänge auf eine bewertende Leistungskontrolle im Politikunterricht nicht verzichtet werden. Dies darf jedoch nicht dazu führen, dass jede Lernerfolgsmessung unbedingt bewertet wird; die Bewertung „sollte vielmehr der Ausnahmefall bleiben, um ein möglichst angstfreies und offenes Lernen zu ermöglichen".[7]

## Anmerkungen

1  Vgl. dazu: Fritz Marz/Rolf Arnold/Jost Reischmann, Lernkontrolle im politischen Unterricht, Stuttgart 1978; Hermann Giesecke, Methodik des politischen Unterrichts, München 1973; Andreas Unger, Lernkontrolle und Leistungsmessung, in: Wolfgang Mickel/Dietrich Zitzlaff (Hrsg.), Handbuch zur politischen Bildung (Schriftenreihe der Bundeszentrale für politische Bildung, Bd. 264), Bonn 1988, S. 348-353.

2  Vgl. Klaus Rothe, Didaktik der politischen Bildung, Hannover 1981, S. 176.

3  Kurt Gerhard Fischer, Einführung in die politische Bildung, Stuttgart ³1973, S. 116.

4  Klaus Rothe (Anm. 2), S. 177.

5  Wolfgang Hilligen, Schulangst: Erscheinungsformen und Wege zu ihrer Therapie, in: Gegenwartskunde, 1/1981, S. 39.

6  Sammlung der Beschlüsse der Ständigen Konferenz der Kultusminister in der Bundesrepublik, Kennziffer 195.8, S. 2.

7  Andreas Unger (Anm. 1), S. 351.

## Neuere Literatur

GPJE (2005) (Hrsg.): Testaufgaben und Evaluationen in der politischen Bildung, Schwalbach/Ts.

Sibylle Reinhardt/Dagmar Richter (Hrsg.) (2007): Politik-Methodik. Handbuch für die Sekundarstufe I und II, Berlin, S. 206 ff.

Thomas Goll (2007): Standardisierung in den EPA „Sozialkunde/Politik". Eine Zwischenbilanz. In: Georg Weißeno (Hrsg.): Politikkompetenz. Was Unterricht zu leisten hat. Wiesbaden.

Carl Deichmann (2009): Leistungsbeurteilung im Politikunterricht, Schwalbach/Ts.

# Teilnehmer der Werkstattgespräche

Ackermann, Paul, Dr., Prof. für Politikwissenschaft und Politische Bildung an der Pädagogischen Hochschule Ludwigsburg

Becker, Franz Josef, Dr., Dozent für Theorie des Politischen, Didaktik und Methodik der gesellschaftswissenschaftlichen Fächer, Didaktik und Methodik der Lehrerfortbildung am Institut für Lehrerfortbildung Essen-Werden

Breit, Gotthard, Dr., Prof. für Didaktik des Politikunterrichts an der Universität Magdeburg

Buch, Ursula, Chefredaktion der WOCHENSCHAU für politische Erziehung, Sozial- und Gemeinschaftskunde

Cremer, Will, Dr., Bundeszentrale für politische Bildung, Theorie und Didaktik der politischen Bildung

Debus, Bernward, Dipl.-Volkswirt, Dipl.-Pol., Herausgeber der WOCHENSCHAU für politische Erziehung, Sozial- und Gemeinschaftskunde

Deichmann, Carl, Dr., Studiendirektor am Wilhelm-Remy-Gymnasium, Bendorf/Rhein, Fachberater für politische Bildung im Regierungsbezirk Koblenz

Dovermann, Ulrich, Referent in der Bundeszentrale für politische Bildung

Gagel, Walter, Dr., emeritierter Professor für politische Bildung, Technische Universität Braunschweig

George, Siegfried, Dr., Prof. am Institut für Didaktik der Gesellschaftswissenschaften der Justus-Liebig-Universität Gießen

Grammes, Tilman, Dr., Prof. für Didaktik der politischen Bildung an der Technischen Universität Dresden

Hardick, Michael, Studienrat an der Willi-Graf-Schule, St. Ingbert, wissenschaftlicher Mitarbeiter am Landesinstitut für Pädagogik und Medien, Saarbrücken, Leiter der Projekte „Weiterbildung Sozialkunde" und „Weiterbildung Deutsch", Berufs- und Fachdidaktikbetreuer „Deutsch und Sozialkunde"

Hilligen, Wolfgang, Dr., emeritierter Prof., Justus-Liebig-Universität Gießen, Fachbereich Gesellschaftswissenschaften

Kiefer, Franz, Bundeszentrale für politische Bildung, Theorie und Didaktik des politischen Unterrichts

Klippert, Heinz, Dr., Dozent am Erziehungswissenschaftlichen Fort- und Weiterbildungsinstitut Landau/Pfalz

Koopmann, Klaus, Dr., Dozent für Politikdidaktik an der Universität Bremen

Krax, Georg, Oberstudienrat, Fachbetreuer Sozialkunde an der Staatlichen Berufsschule Rothenburg o.T.

Kuhn, Hans-Werner, Dr., Wissenschaftlicher Mitarbeiter im Referat für politische Bildungsarbeit am Fachbereich Politische Wissenschaft der Freien Universität Berlin